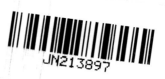

図画工作科授業実践力研究

アートの体験で育てる
子ども一人ひとりのやわらかな感性

村田利裕・塩見考次・愛野良治 編

ナカニシヤ出版

はじめに

本書は小学校の先生や，先生になることを目指している方々が必要とされる図画工作科の授業実践力を高める研究書です。現在，教職希望の方も増え，教職大学院も本格化し，教育実践力を高め，実践を研究し深めていくことが求められています。

図画工作科の教育は，子ども一人ひとりの感性や創造性と直接つながる教育です。子どもは自分からスタートできるので，先生は，その子が生活で見つけたことや子ども自身の思いに気づき，注目できます。「こんなことを考えていたのか」「独自の世界観が表れているな」と驚かれるときもあると考えます。教室中がシーンとなって表現に打ち込むときには，子どもの，いや子どもから知ることができる人の根幹たる素晴らしさを，実感することでしょう。

あらゆる先生が，この教科の指導場面で，その子の気持ちが出せて，その子だけにしかできない「思いや表現を選んで生きる」という，学びと表現する喜びの瞬間に立ち会うことができるのです。子どもの心や精神生活の喜びに関わるという，他の職業では決して味わえない教職を選択する意義にもつながるのではないでしょうか。学校で子ども一人ひとりを大切にする教育はどうあればよいか，子どもの感性や創造性を高めていく教育がいかにあるべきか，図画工作科の授業研究を起点に，小学校全体を展望する考え方を研鑽いただければと念願しています。

新学習指導要領の目標では，図画工作科の学びが小学校だけで終わるのではなく，学んだ基礎・基本が，その人のその後の一生の生活（人生）や社会活動に役立つようにと期待されています。本書では，図画工作科の教育を子ども一人ひとりに対応した「豊かな感性的なイメージ生活者の育成」と総称し，諸力の成長が果たすべき役割を明確にしています。

ところで教育系の大学や学部を卒業し単位も履修したけれど，授業研究を学んだことがないという方がかなりおられます。理論は学んだけれども，子どものためにいかにそれを実践化して理解するのか，どのように身につけていけばよいのか，体験的・系統的に学べていないことが考えられます。例えば，小学校１年生の国語を教えるのに，言語学の専門家をいきなりつれてくるだけでは解決しません。専門家も子どものためにどのような授業構成にすればよいかを考えることになります。図画工作科でも大芸術家や芸術研究だけを極めた人では，教える資格はあっても本当の実践はできません。この場合も，良心的な方は子どもはどう感じて取り組めるだろうと思いをめぐらすことになります。つまり教職の専門性の側面を高めていく必要があるのです。

本書では授業研究をする上で３つのポイントをおさえ特色としています。

第１の特色は，「教育現場が見えるようになる」ために，初めて図画工作のエピソード分析を導入しました。先生にはなりたいが，身近に子どもとの出会いが少ない方や，子どもの現場に何度も足を運ぶけれど，先生ばかりに目がいってしまって子どもが見えていないと心配される方がおられます。本書は，教職の現場で生じる数々の課題について，形式的な制約やしばりから自らを解き放ち，実践者がありのままで省察，教育現場の実相に迫る分析としてエピソード分析を位置づけ，教育現場を初めてわかりやすくご紹介しました。

第２の特色は，先生自身も「スキルアップ」しながら教育理論を学んでいく道筋を示していることです。われわれはこれまでマイクロラーニングとマイクロティーチングで学ぶ方法の研究に取り組んできました。そこから子どもの心や精神世界を豊かにするためにはいくつかのスキルアップが必要であることが明らかになってきました。例えば，子どもの思い・考え・感じ方を傾聴するスキル，子どもが考えたり思ったりする活動等を提示するスキル，子どもの興味・関心を生かして積極的に参加させるスキル，学習間の関係を見つめ構成するスキルなど，教育的な知識だけでは教えることは難しく，行動力や教育準備力を下支えする必須となるスキルを学べるようにしました。さらに感性教育の実践力を総合的に学べるように，教育の場に臨むとき授業の何を準備したらよいのか。指導計画はいかに立てたらよいのか。評価はどのように見取ればよいのか。ステップ・バイ・ステップ方式と名付けた新しい段階的実力アップの模擬授業の方法を提示しています。

第３の特色として，対面する「子どもの心とその成長・発達」の洞察や省察のモデルケースとなるように，小学生の発想・構想の過程を重視した，最も詳しい指導案細案を省略無しで掲載しました。また成長をご理解いただくために小学校の前段階である幼児教育の発達段階を詳述し，さらに発達の視野を広げるために障がい児（者）教育にも光を当てています。真にその現場の子ども一人ひとりの成長・発達をいかに見取るのか，本書では，教科の題材を手がかりに見えてくる発達像を伝えています。

なお，本書出版にあたり，子どもたちや保護者の皆様，学校関係の方々にご理解とご協力をいただきました。ご協力賜った小学校，保育園・こども園，社会福祉施設様は本書の巻末に挙げ，感謝の気持ちに代えさせていただきました。心より御礼申し上げます。嬉野市立嬉野小学校１年生におかれましては，カバーの指導事例にご協力いただきました。「キラキラ　ふわふわ」の研究授業では，１年生２クラスのご協力を得ました。またイラストは，京都教育大学美術科有志の方々に協力いただきました。

最後になりましたが，出版に際してナカニシヤ出版様には，多大なご支援をいただきました。またカバーの作成では，森田美術印刷森田隆司様にご尽力いただきました。この場をかりまして心より御礼申し上げます。本書は，現場に出かけて子どもに会うことも多く，図画工作の授業で，子どもたちの喜ぶ姿が本書出版の大きな原動力でした。本書を社会的には立場の小さな，子どもたちと障がい児（者）の方々，ならびに教育現場の先生方に捧げます。

編者　　村田利裕・塩見考次・愛野良治

目　次

トピック１　子どもの絵の魅力

図１　Ａさんの「春いっぱい」の作品，小学校２年生

図２　Ｂさんの「春いっぱい」の作品，小学校２年生

上の２作品は，小学校２年生の題材名「春いっぱい」の作品です。A さんの作品は，仲が良くかけがえのない友達と寄り添う２人の心をそのままに表すような花が描かれています。心が分かるどこにもない神秘の花とも言える花です。B さんの作品は，花びらが空間に充満しています。飛んでいる花びらと子どもとが「君も飛んでみたら」「そうね。私も飛ぶよ！」と話しあっているようです。花たちと心からの友達になっています。よい作品は，こうも見られるああも見られると鑑賞者の想像をかき立てます。子どもたちの発想や構想を認めていった指導者の豊かな実践がそこにあります。なお本書「トピック３　子どもの絵の魅力と発達」と同じ０号（14×18cm）に描かれています。　（村田利裕・塩見考次）

I

一人ひとりの子どもの感性活動の素晴らしさと表現の魅力

キーコンセプト
●小学校は，子どもの表現から感性と個性が輝いて発見される場所　●表現は，人のいのち（尊厳）と表裏一体　●情操は，心の基盤　●学習指導要領は，学習領域と内容の構成

1 輝く子どもの感性と個性

（1）子ども一人ひとりの感性と心（いのち）の豊かさ

小学校は，ひとの一生の記憶に残る大切な学校です。

先生は，学びの生活を支えるキーパーソンと言えるでしょう。先生から粘土を渡されて，練りながら何をつくろうかとわくわくした経験をお持ちの人も多いでしょう。紙や木で未来の乗り物や自分だけの町を工夫してつくったり，読書や音楽から想像の絵を描いた思い出はないでしょうか。小学校では，あらゆる子どもが受け身でなく，自らをスタート地点として学ぶことが大切にされており，教科としては創造活動を体験する教科，図画工作を学んでいます。

子どもは，生まれてから多様な体験をして感性を培い，心の豊かさが育っていく過程にあります。そして感性は，生活や人生の様々な段階で，その人の心や行動の基盤を支えていきます。表現教科である図画工作科は，心が活発に働く創造の活動などが体験できる機会を与え，その子独自の感性を育てていく役割を担っています。また，その人の感性が表現されることで，自他の交流が生き生きとなされる場をつくりだします。

小学校のクラスを参観させてもらうと，教室のうしろの展示スペースでクラス全員の子どもの作品が展示されていることがよくあります。就学前の幼稚園や保育園やこども園でも見ることができ，保護者の方が絵を指さして「あなたが，これを描いたの！」と感動して子どもに声をかけている姿をよく見かけます。他の活動では，自分の子どもが周りの子どもたちに溶け込めているか，ついていけているかなど心配して見ていて，同じように活動できていたらほっと安心する思いなのです。

しかし，子どもの作品を見るときは違います。その子独自のまばゆいばかりの存在感が感じられて，嬉しい光に包まれた感じで体験されているのです。力強く引かれた線。弱く引かれた線。その線は単なる直線や円弧でなく，あたかも生きているかのように感じられます。確かに子どもの生活の中にある命のあり方が，その線を描かせているので，その感じがするのは当然かもしれません。

保護者には，その子が取り組んだひたすらな姿に嬉しさがこみ上げてきて，本当に光が作品から差してきたかのような，眩しい感じを受ける方も多いことでしょう。絵に表れたその子のありのままの姿，心の姿，手や身体を通して伝えようとしている表現のあり方，そのどれもが貴重に感じられます。作品には，いつものその子らしい取り組みが生かされていることもありますが，興味・関心を高め「自分だったらこう描く」「誰もがしていないから自分がしてみた

い」という意欲や，独自のものの見方が輝いているのかもしれません。現場に向き合い，その子の命の唯一性，命の鼓動に根ざした一回性の独創とよぶべき輝く表現となっているのです。

さらに自分の子どもの輝きに気づくだけでなく，クラス全体がそれぞれの子どもに応じた違う輝きに満ちた場である，そんな思いに駆られます。そして，今日のような個人主義が暴走し，自他がかけがえのない一人ひとりとされない時代に，本当の生きる意味や意義といった普段の大人社会では得られない，とても大切なことを保護者自身が学んでいることに気づきます。

（2）小学校は，子どもの表現を通じて，感性と個性の発見が生まれる場所

（1）でみたことを実践現場の実態からお伝えしたいと考え，本書の表紙には，小学校1年生の教室（2021年）に展示してあった「かきたい もの なあに」の中の「おひさま にこにこ」（日本文教出版株式会社）の作品を掲載しました。今一度，本書のカバーを見ていただければと思います。

どの子も，学習課題に即し熱心に仕上げてきています。その一方で，表現したいこと・工夫したい点などが子どもそれぞれで違います。自分の考えや工夫をうち出そうとしているのです。「おひさま にこにこ」が，子ども各自で解釈され自分らしさが大切にされて表現されているのです。担任の先生が，自分の思いをしっかり出していいと強調し，クラスの子どもたちの思いをそれぞれに聞きながら，指導（支援，応援）されました。子どもの表現を通して，人って素晴らしいと感じられた読者の方も多いのではないでしょうか。自分の先生は，同じ絵を描くように指導され，自他が違うことを認めてほしかったとお考えの方もおられることでしょう。

保護者の方も30人以上の思いの異なる作品に気づいて，嬉しい気持ちになったことでしょう。教室の入り口から順に見ていくと，自分の子どもの作品が見つかるまでにも「太陽の表現から元気をもらう」「なんと独自な思いが出るものだろう」「一人ひとりの生き生きした色使いだな」など，多くの発見や気づきをされたでしょう。発見や気づきが深まるにつれて，どこかからか不思議な喜びが湧いてきて，一人ひとりの子どもの感じ方や捉え方，取り組みの姿に思わず感心してしまいます。小学校という学びの場とは，感性と個性の輝きの発見が生まれる場なのです。読者は，この作品群を見ていかに感じたでしょうか。

そして，感性と個性の気付きと発見は，見いだしたその人の心を新鮮にします。子どもの作品が輝くだけでなく，ひたむきな意欲を心の底から嬉しく思い，子どもの作品に照らされて，保護者の方の顔までもがキラキラと輝くばかりに見えるのです。

保護者の方は子どもに，「作品見たよ！」と話すことでしょう。子どもとのトークは，単なる褒め言葉で終わらず，子どもとともに生きることでしか味わえない保護者自身の生きる喜びの実感を持って話されることだと思います。保護者の中には，大人社会の無関心をそのまま教室に持ち込み自分の子どもの作品しか見ない方や，目の前に子どもの作品があるのに丁寧に見ずに，一方的に「人が描けるようになったのか」と子どもに評論家気取りで話す方もいます。

ところが，子どもの表現のあるところでは，特別な専門家でなくとも少しだけ丁寧に子どもの表現を見ようとするだけで心のスイッチが入り，目の前に子どもの本当の心の世界が開かれてい

くことに気づくことができます。教える指導者も教えることに目が奪われて，一人ひとりの世界にたずねていくゆとりがない場合もあります。短い時間でもかまいません。感性の扉が開かれているときに，子どもの瑞々しい世界が溢れている様子をぜひ豊かに受け取っていきたいものです。

2　感性・個性・創造性などの成長・発達

（1）子どもの感性の誕生

このような輝くような場面と他でも出会っていないでしょうか。例えば，子どもが生まれ産声をあげたとき，同じように輝く姿に見えたかもしれません。乳児は，小さなあくびをし，驚くほど小さな指をかなり動かします。唇や指は，どんな彫刻家も作れないほどの奇跡的とも思えるほどの細密な形なのです。それが時々刻々新しい形を求めて動いていきます。ここでは，手と指の動的運動フォームと呼んでみたいと思います。どこまでも柔らかい関節はしなやかで，美しい手のフォームを支えています。こんなところまで開くのかと思えるほど開いていきます。これらの有様を見て保護者は，かけがえなくとても大切な時間に感じられることでしょう。

安心したようにスースーと息をして寝ている姿から，呼吸の大切さを子どもから教えられます。呼吸は，いのちの証なのです。泣き声にも使われますが，言葉の発声の原動力となっていきます。身体機能を評価する学問では，一つ一つの反射的行動に限定して分析されますが，命の存在という大切なメッセージをわれわれに伝えてきています。大人が使う言語伝達のようには知ることができにくいにしても，子どもの心が確かにそこにあり，その子しか感じられない感性の世界があるはずです。子どもという人間存在は，様々な方向へ成長・発達する可能性のまさしく原点です。未分化な心性で体の変化が著しいときですが，その子の感性の活動は確かにたのもしく息づいているのです。

（2）視覚と感情の顕在化と探索活動，発話と遊び，好みの発生など

視覚については，最初は何も見えないのですが次第に明暗がわかるようになり，２か月頃になると近くのものが見えるようになります。首が据わる頃には頭を動かし様々なものに興味を持ち，あたりを見渡します。視覚機能が成長過程にあるのですが，興味津々の視覚を「眼差し（以下まなざしと表記します）」と呼ぶならば，興味あるものを十分見るという「まなざし」の活動がスタートするのです。

成長・発達には個人差がかなりありますが，２～３か月になると自分の手を顔の前にもっていき「これは何かな」とじっと見つめる仕草（ハンドリガード，Hand regard）が見られるようになります。視覚が，手を発見するわけです。すなわち，視覚が，自らの創造力（＝手）にまなざしの視線を向ける初めての瞬間と言えるでしょう。この頃の子どもは，かなり長い間

「目と手の協応」（関連を持つこと）があまりありません。次第にできるようになってくるわけです。外界からの刺激に対し，これはなんだろうと気づくことが大切なので，大人から「おはよう！」「○○ちゃん！」と語りかけたり，子どもの反応に，言葉を積極的に返したりすることが大切となります。

4・5～6か月になると，表情も豊かになって，身近な人に大喜びの笑顔を返してくれたり声を出して笑います。また，寝がえりをうったり，風でたなびく洗濯物などの布類をその小さな目で興味津々で見る場面に遭遇します。何もできないと思っているのに，「自分から（自発性）」ということがかなり小さな頃から見られ，新たな興味・関心・意欲から外界と何らかの交換を始めます。また，悲しいことや不満なこと等が未分化に一体となった思いになると大泣きも起こります。例えば，お腹がすいたときには泣き始めますが，十分授乳がすんだ後でも，新しい大泣きが続けられることがあります。大人の常識を超えるその子の心性の働きに，ついていけなくなるほどです。「赤ちゃんは泣くのが仕事」と言われるほどです。

この時期，離乳食への移行も行われます。「おいしい！」と元気に言って周りを喜ばせます。「好み」がスタートする時期です。おすわりをしたり，はいはいをしたり，歩く等，運動行動の発達が進むと，空間の移動に伴って，興味・関心や思いの強さが飛躍的に高まり探索活動が生まれてきます。空間探求の旅が始まったといえるでしょう。足取りも軽やかと思っていたら，何でもない瞬間にこけたりします。友達との共同生活や，いっしょに遊ぶ機会が設けられていることが楽しくなります。これを「模倣」という側面から論じようとする理論もありますが，筆者は，子どもは，きっかけを得て色々な場面に「参加」しようとしているのだととらえています。そっくりにする場合もあれば，自分自身でしてみる場合もあります。基本的には１人活動が主で，友達の輪に入って，自分もすると嬉しくなって意欲が湧き出します。それぞれの時期において，試してみる活動や友達との活動は，指導者から熱心に働きかけることになります。興味・関心が高まると，好きなところで体いっぱいに活動するようになります。

図１は，１歳～２歳までの幼児の活動です。砂場が，子どもたちに，遊んでみたら楽しいよとさそってくれているかのようです。みんなでいても一人遊びが主体ですが，家にいる子どもは，このようではありません。先生からこんなことやってみようかとさそってもらうと，子どもは，遊びに参加し夢中になります（鈴木大拙，2007）。次第に自分で今日は何をして遊ぼうかと考えるようになります。子ども自身が，毎日何らかの成長を着実につかみ，友達をかけがえなく感じて毎日行きたくなる園のあり方は，毎日行きたくなる学校を目指す姿とまったく同じだと思われます。

図１　砂場の活動

（3）シンボル活動の開始―感性を育てる体験活動で育まれる「思い」の成立―

幼稚園や保育園（こども園）の１もしくは２～４歳には，手を動かすことが一層活発になります。絵を描いたりや歌を歌ったり，言葉を話したりする活動をシンボル活動と言います。図２のお昼寝の絵は，丸（○）や点（・）を組み合わせて，みんなで楽しくお昼寝をする様子が絵になっています。微妙な変化で，安心できる楽しいお昼寝が表現されているのに驚きます。１人ではなく複数を表現するのは，群像表現です。美術の枠組みから見ると，群像表現は構図が難しく丹念に描くことが要求されるので，かなり高度な専門家で初めて行われる試みです。ところが，いとも簡単に群像がテーマとして描かれています。絵の中の左の３人は，０歳の赤ちゃんでしょうか。仲間で寝ているグループと別枠で寝ている子たちの姿も描き分けています。幼児期の点を打つ活動やぐるぐる描き等の絵描き行動は，スクリブルと呼ばれます。自己表現の最初の段階と言われ，誰から言われなくてもスタートします。支援があると早く，２歳頃までに始まります。そして，線が安定し，しっかりした円や線が描けるようになります。絵の形態的な分類では，頭と手だけで構成されている絵は，タドポール・フィギュア（頭足人）と呼ばれ外界を描く代表とされています（図式前期）。

図２　作品「おひるね」

図３は，３歳児の活動で，大喜びでリンゴを洗っている子どもたちです。昼からリンゴをおやつに食べますと前日から予告されていました。みんなはわくわくして園に来ます。大きなお鍋に水を入れておき，「食べるので，２人一組で綺麗に頑張って洗いましょう」と，先生から話されました。大人たちは，いつ頃から忘れてしまったのでしょうか。おいしいリンゴを食べる前に洗うことが，これほど嬉しく楽しい活動であることを。クッキングというとお料理の時間だと思い，つくり方に力が注がれます。コロナの時期（2021）なので，洗うことに力点を置かれたそうです。リンゴを単に「物」と呼びだしてから，われわれはリンゴの持つ存在の大きさを十分受け取れなくなってきているのかもしれません。感性活動の起点，原点での，２人でリンゴを洗うことの大切さを教えられるような実践となっています。

この頃，柔らかいタオルを触る活動にも熱心です。興味のある物を入れたり出したりし，新聞や広告をビリビリと破いたりなどもします。積み木やレゴ（組み立て式玩具，デンマーク，レゴ社）なども人気です。紙を準備すると，スクリブルすることにも少しずつ関心が向けられ，表現行為がスタートします。大人や先生から

図３　大喜びでリンゴを洗う活動

図４　作品「おいも」

言われなくても，頻繁に線画を描きます。毎日のその子の線は，本当は，その子がその年齢でしか描けないオンリーワンの表現です。子どもの線などから心の力や意欲の強さを感じて，その子のオンリーワンが嬉しくてたまらない教育関係者や保護者は，とても大切なことをつかまえています。はたして大人も自分の年齢のオンリーワンの線が描けているでしょうか。そのように振り返ってみると，あるときの子どもの描こうとする気持ちは何気なくの場合もありますが，「今日は昨日よりも，もっと凄いものを描いてみたい」という場合もあります。

図４は，３歳児保育で楽しい芋掘りの体験のあとで描いた絵です。描く前に，土環境や葉っぱの付き方などを教えてもらい，納得したでしょう。しかし，この「おいも」の作品で驚く点は，先生の説明を単に絵にしたのではなく，お芋の存在感を出すのに，大きなパワーを出しているところです。それも，一度もひるむことなく粘って描いています。先生から描いている様子をうかがうと，一生懸命集中して描いていたそうです。子どもはこの頃作品づくりの行動にリスペクトが感じられるようになっています。充実した感じ方を自分の力いっぱいで描いてみようと，子どもは，「よしやるぞ」という思いになっているのです。

（４）価値感情の感性と表現行動

子どもは，様々なことに思いを持ち，感じる経験を積み重ねながら成長しています。図５は，４歳児保育（その年で５歳になる）の子どもがメモ帳に描いて筆者に渡してくれた絵です。「ライオンとネズミがけんかをしていたんだけれど，地球がだっこしたら仲直りした絵」と教えてくれました。大切なことに気づいているなと思い「抱いてあげたら仲直りしたの？」と聞くと「だっこしたんだ」とのこと。お気に入りの言葉の語感もあるようです。「けんかをしないでほしい」「自分がやさしく解決するよ」という心の声を絵にしていると思われます。

子どもも意見が食い違うとすぐにけんかになります。しかし，子どもは，大人よりけんかをせず安心して暮らす安定した毎日（平和な日常）を心から希求する存在なのです。大人社会に目を移すと，自我が暴走し子どもの模範にならないばかりか，心の痛む戦乱が繰り返される残念な側面があります。

図５　小作品「仲直りの絵」

子どもは，人がどうあるべきか指導者が真面目に応答すると，本気で応えてくれようとします。この絵には，価値感情（感性）と表現行動の実践という，人間力の基本が表明されています。子どもが平和に暮らすことを希求する基本的な思いの素晴らしさに，もっと多くの人が触れていくべきではないかと考えるのです。

（5）造形活動の活躍期

5〜6歳になると感性の成長も積み重なりその子らしさが育ち，意欲や知力，個性も打ち出されるようになります。園でも様々な活動に積極的に参加し，造形活動にも積極的になり，ハサミや糊を使いたい，パスやサインペンで描きたい等の要望が出せるようになります。

自由画帳には，毎日のように絵が描きためられます。おしゃれな服を着た人もよく描かれます。このように就学前の段階で，子どもは何もせずに暮らしているわけでは決してありません。一人ひとりに違いはあるにしても，思いや考えを積み重ねて大きくなってきています。大人の作品と違うところは，多くの場合，描いたり作ったりすること，すなわちイメージを取り出したり組み立てたりすることで楽しいと感じることが絵に盛り込まれることです。

図6は，図3の園の5歳のお芋の絵です。どんな絵にしようかと指導者に相談しています。大小たくさんのお芋がとれたことは，自分で満足できるくらいに表現できたのです。一方画面の方が，その子に言っているようです。「下や横の空いているところはまだ描けるよ」と。立ち止まる子どもに指導者は，「何を描いたらいいだろうね」と聞いておられます。このような場合解決方法を即答せずに，子どもに考えさせます。「考えるのを待つ」指導法が大切なのです。その後の先生のヒントには，「虫はどうだろう」や「人はどうだろう」と候補のアイデアが探られます。お芋の近くには，それぞれが試されますが，空色の帽子をかぶった犬をつれている人を描いたときから，何かがキャッチされ，2色に塗った帽子と緑色のズボンをはいた，丁寧に描かれた人の表現へと完成していったのではないかと思われます。この2人の人物には，耳が大きく描かれます。耳はかなり必要だと判断したときにしか描かれませんので，右の不満を持って怒っているような人の話を聞いてくれる，大切で重要な人物が登場したのです。遊び心と連想発展していく素晴らしい絵の体験がなされています。

図6　作品「おいも」

3　人の尊厳と表現

これまで見てきたように感性の成長・発達とは，一人ひとりの違いや年齢段階でできることが異なりますが，共通して言えることは，子どもが，表現すること，イメージすること，感性を働かせて判断することに高い興味・関心があり積極的であるという点です。大人と比較して子どもの心や精神の活動やその所産（作品など）は，生き生きしていて，生きる命の実感そのものです。これを生き生きしたバイタリズムの表現（ハーバード・リード（1956）『芸術の草の根』岩波現代叢書）と呼ぶ場合もあります。

この現場で保護者や教師たちは，子どもから発せられる表現に，とても大きな刺激を受けることになります。表現されることでとても大切なその子の存在（実存）に触れることになるのです。表現というものが，「人の尊厳」と表裏一体のもので，子どもと関わるということは，そのことに深く触れる貴重な機会が与えられることであると言えるでしょう。また，複数の取り組みが生じる感性的なイメージ表現の現場では，個性が際立つ迫力のある群像を見るように，あらゆる子どもが異なる輝きに満ちている驚きの体験が迫ってきます。ある高齢の方が，「大人は同じ価値観や決まりきった見方に縛られ同じことを言っている。子どもに会うと，とても楽しい」と言っておられました。子どもは，外界に本気で向き合い，打ち込み，大人の側に話しかけてくれます。大人世界がめざす個別生活の究明や社会の「勝ち組－負け組」といった一本の価値基準に縛られた優劣の世界観の精神生活ではないのです。

大村はま（1906－2005）は，大人や社会が優劣ばかりにとらわれて学びに浸りきることを忘れた教育現場を嘆いて，現場教育が目指すべき状態を「優劣の彼方に」という言葉にしました（2005）。「優劣を忘れて　ひたすらな心で　ひたすら学ぶ。」ことが大切で，成績をつけたり，合格者を決める仕事はあってもそれだけのこと。教師は，あらゆる子どもが一生懸命学べる材料を準備して，一生懸命学び，一生懸命教える。大村は，そのこと自体に大きな価値を見いだすのです。教職の図画工作や造形の活動の場は，個性や個別的な差異が許される場と言ってよいでしょう。それぞれにみんなが頑張っています。あらゆる子どもを受け入れる大きな可能性の教室と言ってもよいでしょう。そして，どの子も安心して伸びることのできる場なのです。この創造教育の現場は，本当に優劣の彼方に子どもたちを連れていってくれる場ではないでしょうか。その場を作っていくのが，図画工作科を指導する先生の大切な仕事（ミッション）と言うべきでしょう。

大人も，このような輝くときを過ごしているでしょうか。自分の思いに気づき存分に思いを発揮して生きているでしょうか。特別なことでなくても，生活に使うものの色や模様を選ぶことが楽しかったり，その日の「おはよう！」等のトークも感性の活躍する瞬間です。また，小さなメモ帳やスケッチブックに自分の思いついたイラストや図や絵を描いてみる。そのような時も自分の感性が活躍する瞬間です。特別な旅をして美術館や博物館や文化遺産などで刺激を受けることもありますが，みなさんは大切な自分の時間を過ごせているでしょうか。

学校現場を振り返ってみると，はたして指導と支援のプロたる小学校の先生は，子ども一人ひとりの表現の時間，事物・事象に感じる時間を大切にして，その子の感性の基盤を育てることができているでしょうか。まさに子どもからそのことが問われているのです。

小学校の図画工作科は，このような子どもの感性や個性，表現や鑑賞の創造的学びを豊かに成長・発展させる教科です。

4　図画工作科の目標と学習内容（2領域構成）

（1）教科の目標

学習指導要領では，教科の目標はどうなっているでしょうか。図画工作は戦後長い間，教科の目標に創造活動を行い情操を育てるという究極の目標を掲げてきました（表1が，平成20年告示の学習指導要領，表2が平成29年告示の学習指導要領）。体験性の学習から情操教育を目指している教科と位置づけられています。目標のスタイルとしては，前者までは大きく一文で示す努力がなされてきましたが，改定された後者は，3つの柱を設けて，目標を分けて分析してきたところに特徴があります。

内容を見ていくと，継承されてきた概念としては，「感性」「つくりだす喜び」「豊かな情操」があります。

一つずつ見ていくと，まず「感性」というキーワードはいつ頃から盛り込まれたのでしょうか。図画工作のアートの性格からして「感性」というキーワードは，早くからあったと思われるでしょうが，平成20年改正の学習指導要領で初めて「感性」が登場しています。学習指導要領的にはまだ新しい概念なのです。次の「つくりだす喜び」は長く示されてきているものです。どのようなことでしょうか。これは，「学びの喜び」の考え方に立って示してきたということです。先生が，無理に詰め込んだり，褒めると称して子どもを教師の思いの方向にコントロールするのではなく，子どもが，本当につくるって楽しいなと感じられる姿が日本の図画工

表1　平成20年告示小学校学習指導要領

表現及び鑑賞の活動を通して，感性を働かせながら，つくりだす喜びを味わうようにするとともに，造形的な創造活動の基礎的な能力を培い，豊かな情操を養う。

表2　平成29年告示小学校学習指導要領

表現及び鑑賞の活動を通して，造形的な見方・考え方を働かせ，生活や社会の中の形や色などと豊かに関わる資質・能力を次のとおり育成することを目指す。 ⑴　対象や事象を捉える造形的な視点について自分の感覚や行為を通して理解するとともに，材料や用具を使い，表し方などを工夫して，創造的につくったり表したりすることができるようにする。 ⑵　造形的なよさや美しさ，表したいこと，表し方などについて考え，創造的に発想や構想をしたり，作品などに対する自分の見方や感じ方を深めたりすることができるようにする。 ⑶　つくりだす喜びを味わうとともに，感性を育み，楽しく豊かな生活を創造しようとする態度を養い，豊かな情操を培う。

作の姿であるということです。行動心理学でも分かっているように褒める（賞を与える）と学習は急激に向上します。ところがその褒めてくれる先生がいなくなると急激にダウンするのです。学んでいる内容が子どもの心の中で本当に面白く感じてもらわないと，一生続いていく学習にはならないという考え方が背景にあると捉えることができます。さらに，戦後の図画工作教育は最終的にその目標を「豊かな情操を養う」としてきました。すなわち人の人格的な資質の育ちを目指し，高い感性の基盤づくりをねらった教科が図画工作科だと言えます。

情操とは，人間らしい感情や解釈や倫理的な判断などを生み出す心の基盤のことです。美的な事物・事象や創造教科の題材などに出会うと良い感情が生起します。しかし，１回でそれが育つというわけではありません。経験し学ぶ機会を得て良い感情が繰り返し生まれ，違った角度からの学びも違った形の良い感情を生み出し，ゆっくりと安定化していきます。このように様々な良い体験から，情操は深められていきます。現代人の心の傾向性としては，心の基盤が不安定な人が増えてきているのではないでしょうか。心は暴走し他を見ないで突き進むことを美徳とするのですが，内心は不安の沼にいるのです。情操教育は，その人らしい心の安定感を目指します。

ところで，個人の情操という世界は，一人ひとり異なった世界です。その最終像は，同じではありません。また，それが当然ですし大切にされなければならないことです。

この道徳性とも言える学びは，他の教科の学びでも生じますが，感性と創造の教科を中心に置くと，理解がしやすいのではないでしょうか。虫の絵や動物の絵を描くことは多くの子どもで好まれる活動ですが，絵に描いていくとそれらの特徴や性質を理解し，関わることで自らの心の中に生じる気持ちや愛情も表現されるのです。感性や創造性を育てる教科で，価値観や個人の世界観を十分に伸ばすことが期待されるのです。

手を使った工作教育は，フィンランドが発祥地です。国の未来や可能性は，子どもの教育にあると本気で考える国のひとつです。経済協力開発機構（OECD）の国際学習到達度調査（PISA）で世界一（2003）にもなってもおり，ユベスキュラ大学は，世界の学力研究の中心をなしています。フィンランドの小学校の父ウノ・シグネウスが工作科を創設しますが，彼はユベスキュラ大学の初代学長でもあります。フィンランドではあらゆる教科で，学んだ内容を今一度表現してみることが大切にされています。

次に，図画工作科の改正の特色を見ていきます。大きなところでは，「造形的な見方・考え方」と全教科で教科の育てる学力の本質と存在価値を示そうとしたことです。「造形的な見方・考え方」とは，「感性や想像力を働かせ，対象や事象を，形や色などの造形的な視点で捉え，自分のイメージをもちながら意味や価値をつくりだすこと」（解説p.11）とされています。一見して思われることでしょう。難しそうな用語がたくさん並んでいるぞと。今回の改訂では，対象や事象，意味や価値のような美学や哲学に登場する用語が，新しく大量に導入されたことに特色があります。

本書の「キラキラ ふわふわ―かぜや くうきを つかまえよう！―」でしたら，対象は空気です。事象は空気が風として色々に振る舞っていること，意味や価値は，大きな空間とそこに躍動する，小さくもあり大きくもある材料（空気）の形や色（透明，とうめいシートに輝いて反射する姿，遠景の景色）の体験から，一人ひとりの子どもが見いだす意味であり，一生この地球環境といかに感じて生きていきたいか，どのような価値のあるものとしてとらえていきたいかを学んでいく機会なのです。ことわざに，「子どもは風の子，大人は火の子」と言われ，子どもは風の子に位置づけられます。体全体で生きて外界を認識する姿を言っているのでしょう。風と関わり子どもは，風を神のように巨大な力を持つものととらえたかもしれません。空気と関わり，自分の存在と空気の存在が向き合っているのを感じたかもしれません。空気や風は，ただぼんやりとそこにあるだけではなく，絶え間なく自分たちをとらえてくるものと思ったかもしれません。古事記の中の出雲の日本神話には，８つの頭，８つの尾を持ち，８つの谷を渡り，８つの山を超えるほどの竜と，奇稲田姫（くしなだひめ）を助けようとするスサノオの大決戦が語られています。現代人よりも空間や環境の巨大さに目が向けられていたのではないでしょうか。子どもたちは，大きな空間や環境をどのような意味ととらえるでしょうか。造形遊びの学習は，その学びの機会を与えることができます。

このように一見難しそうな用語も，教材（題材）の内容を踏まえて，かみ砕いてとらえると実感を持てるようになります（本書pp.71－73）。学習指導要領を読みながら，教材のどこにそれが表れているのか，見ていく必要性が出てきたと考えられます。

（２）学習領域，内容の構成

では，はたしてどのような内容が，図画工作科で教えられているのでしょうか。学習内容の大きな枠組み（カテゴリー）は学習領域と呼ばれます。昭和52年から今回の改正まで一貫して「A 表現」と「B 鑑賞」の２領域で構成されています。子どもの内面を外に出す内容（Output）が「A 表現」です。外から受容する内容（Input）が，「B 鑑賞」です。内容領域が，表現と鑑賞の２領域構成というシンプルな構造なのです。大人の使っている「絵画」「彫刻」「デザイン」「工芸」という美術文化の分類でなく，学習主体の人から見た分類であることが重要です。図画工作科のカリキュラムの形式上の特徴ですが，表現と鑑賞のように「あれかこれか」という２分類で分析が進んでいきます。この気持ちで読んでいただくと理解しやすくなると思います。

今回の改正では「A 表現」は，「（1）ア，（2）ア」の「造形遊びをする活動」と，「（1）イ，（2）イ」の「絵や立体，工作に表す活動」の２つの内容に大別されています。

アの造形遊びは，作品にまとめあげる必要がない体験の学習です。思いついたりどのように活動するのか子ども自身で考えを広げ，材料と空間の体験を広げていきます。幼稚園との接続を趣旨として，1977（昭和52）年に登場しました。そこまでの教育現場では，作品作りだけを指導し，上手な子・下手な子をつくりだしてきた傾向があります。問題なのは，いまだに作品作りをしない体験学習が十分なされているとは言えない点なのです。

造形遊びにおいては，行為が重視され，子どもは体全体で友達と並べたり・積んだり・つなげたりします。材料・空間・友達などと関わって，気づきや思いなど自分の感覚や気持ちを出してどのように活動していくか自分たちで考え，行動に移してみることが重視されます。例を示すと，箱を積んでいく造形遊びは，積み木のように箱を積みます。この学習は，家に見立てて町を作ろうとかタワーをつくるなどの学習ではありません。ある子どもが，家だと言い出してもかまわないのですが，先生が積極的に作品づくりを目指しません。「並べたり・つないだり・積んだり」という活動を重視し，自分たちで活動を思いつくことを保証します。体全体で活動できるよう広い教室環境を設定して実施します。一般的に言われている完成度を重視した「作品」にする学習では決してないのです。

イは，自分の思いをしっかりと「作品」に表現します。この内容でも「感じたこと」を大切にします。色々な発想やアイデアが出ても，一つに絞り込んでいき最終的には，一つの作品にします。その面では，集中的な思考と呼べるでしょう。ただ，こんな作品をつくりたいという主題は，活動をしながら明確にしていきます。子どもは，いきなり課題が出されて，どんな作品にするかとすぐに答えが出せなくてもよいのです。

また，早くからあったのですが実施実績が少なかった内容に「鑑賞」の学習があります。鑑賞の基本は，感受といった見たり聞いたり触ったりする直接的な知覚活動を元にしています。低学年では作品鑑賞も，自分の作品や友達の作品が基本です。そこに，生み出される面白さや楽しさなどの認識や，見方や感じ方を広げていくことを大切にします。作品づくりでは，工夫して作れた嬉しさや達成の充実感など，一人ひとりには貴重な感情が生まれ価値感情が生じます。それを発表したり交流したりします。中学年では，身近な美術作品や製作の過程なども対象とします。また，高学年ではわが国や諸外国の美術作品も鑑賞します。思想性や精神性や世界観に関わる特質を子ども自身が見ることから学んでいきます。このように大切な学びの機会を計画しなければならないのですが，時間数の割に指導すべき内容が多いので，図画工作科でつくって生活科で遊ぶ（鑑賞）等，横断的な工夫をして取り組む力量が先生に問われると言っても過言ではないでしょう。

・Let's try 1　小学校教育のベースの幼児教育を振り返り，感性の成長について考え，小学校でいかに展開できるか考えてみましょう。できればペアや班で発表・交流しましょう。
・Let's try 2　幼保小の体験型の掛け橋プログラム「スタートカリキュラム」（文部科学省）をインターネットで調べてみましょう。
・Let's try 3　大村はまの教育詩「優劣のかなたに」の全文を読んでみましょう。単元学習，一人ひとりの子どもの発達の見方，自作のてびき・資料，学習内容のファイル化など，教科を共通する参考になる視点があります。

・大村はま（2005）『教室に魅力を』〈人と教育双書〉国土社，表・裏見返し
・苅谷夏子（2012）『大村はま優劣のかなたに――遺された 60 のことば』筑摩書房，ちくま学芸文庫，pp. 251-225
・鈴木大拙（2017）『無心ということ』株式会社KADOKAWA，角川文庫 14860，21版
・文部科学省（2018）『小学校学習指導要領（平成 29 年告示）解説　図画工作編』日本文教出版

（村田利裕・塩見考次）

Ⅱ

人間の生活や人生に必要とされる3つの創造力と豊かな感性的イメージ生活の重要性

キーコンセプト
●見て触って聞いて，自分の判断で現場を切り開く創造力　●基礎的・汎用的能力としてのイメージ力，いのちの唯一性と独創力　●豊かな感性的イメージ生活者の育成　●疎外・回復，一生を通じての創造力

創造力とは，様々な分野で発揮される，新たなものやことを生み出す力の総称です。

大きくは人の可能性の総称とも言えるでしょう。変化の大きな時代には，人はこれまでよりも一層多くの創造力が必要とされます。

学校教育の図画工作科教育は，決して芸術家を育てる教育ではないので，社会を構成するあらゆるジャンルの営みで，創造力が必要なときの心の基盤を育成することだと言えます。

全ての人の生涯にわたって必要とされる創造力とはどのようなことでしょうか。

ここでは，この基盤を育てる図画工作科で育っていく３つの創造力について考えてみたいと思います。

1　自らの感覚や知覚に基づく感性を基盤とした創造力

(1) 感覚・知覚・感情など受容力と感受の世界
―直接見たり触ったりし，それが深まっていく過程の重要性―

第１は，自らの感覚や知覚に基づく，感性を基盤にした創造力です。

現代は，多様で複雑性に富んでいます。あらゆる事象に深く影響を与える国際紛争の観点から見ると，感覚や知覚を支える生命の危機の時代をむかえているのかもしれません。地球環境の変化も甚だしく，急激な変化への対応に迫られることが起こる時代なので，子どもは自分の目で現象を見つめ，自分の判断を頼りにしてそれぞれの現場を切り開いていく必要のある時代を生きていくのです。見て聞いて，触って，つくりあげていく。そんな創造性があらゆる人に必要なのです。個人の幸せと壊滅的な状況の克服が接近する真の創造力が必要な時代なのです。

創造力を発揮した方として，あえて芸術家や工芸家をあげないで，ここでは，中村哲《なかむらてつ》（1946－2019）さんと緒方貞子《おがたさだこ》（1927－2019）さんをあげたいと思います。中村哲さんは，医者をしながら戦乱のアフガニスタンで川とも呼べる用水路を掘ることに取り組みました（緑の大地計画，クナール川からのアーベ・マルワリード（真珠の水））。アフガニスタンでは感染症で亡くなる人も多く，とりわけ一番弱い立場の子どもたちは４人に１人が亡くなっていました。命を救うには，薬だけでなく新鮮な水が必要です。氏は，必要があれば自分も大型建設機械で土を掘りました。農業を立て直し，国土の回復からの平和の構築を目指されました。

緒方貞子さんは，1991年（平成３年）に第８代国連難民高等弁務官へ就任。人間中心主

義・現場主義を理念に，防弾チョッキを着て紛争の最前線に駆けつけ，難民の声に耳を傾けました。容易ではない状況に，粘り強い交渉で紛争解決の道筋を示していきました。あまりの事態の難しさに世界が立ち止まり忌避する中で，「人間の命を最優先する」という決断に近い理念を実践しました。見て聞いて，考えて行動する。バラバラでなくこれらがワンセットになった姿を実践と呼ぶならば，個人の生活レベルから社会のレベルまで，現代という時代においてそれぞれの現場に生きる「実践力」がきわめて重要です。個人の意思や世界観から行動する「実践力」を発揮し，独自の成果を上げることは，本当の意味の創造性と呼んでもよいのではないでしょうか。

図画工作科の学習だけで，その基礎が達成できるわけではありません。ただ，あらゆる子どもが見て触って感じ，自分が良いと判断した方向に進むことができること。細分化した知識を個別に覚えて学んでいく（分析・分解，analysis）のではなく，目の前の材料の細かな特徴を子ども自身が思いを持って理解し，それを表現や世界観としてまとめ上げていく（統合・総合，synthesis）学びの機会を与えることができるのです。

感覚や知覚は，視覚を例に取り上げると，受容する単純な機械的なシステムではありません。視覚は，探索活動を行って認知しています。いつも大きな視線の動きだけでなく，小刻みな動きで視覚像をとらえようとしています。視覚においては，能動的な活動から外界のイメージが獲得されているのです。

さらに，興味を持って描いていくと，「本当に見えた」という体験をします。これは，純粋視覚性と言われています。ドイツの美学者・芸術学者コンラート・フィードラー（1841－1895）が『芸術活動の根源』（原書 1887 年）などで純粋視覚性として指摘しました。見るだけでは本当に見えたという形にはなりません。何度も描いたり，触ったり，考えたり，思ったりしたその積み重ねの先に「本当に見えた」という体験があるというのです。

いまひとつ，「体が動くと心も動く」特性に注目すると，感覚や知覚は，単なる入力装置ではなく，人の心をつくっていきます。歩いてみたり・試作したり・感覚体験を増やすなどすると，モヤモヤした思考に結合が生じ，独自のまとまった考えに至れます。また，砂場など遊び活動では，「無心な取り組み」が生じ，感覚や思考の活動が分け隔てなく生まれます。心は内にも，形作る外にも存在し，形に表したものが新しい意欲を生み出すといった体験となります。

心と全身を支えとしたシステムでは，人間の感覚と心や精神活動との関係が重要ですが，成長・発達，発展していく特性として押さえておくべきではないかと考えます。小学校で，図画工作科の学習を大きな手がかりとして，またいくつかの教科を連動させて，あらゆる子どもが，感覚・知覚・感情など感性の世界を十分体験できる授業を行っていく必要があります。

（2）感覚が活躍する材料や空間のある場所で，様々な世界との関わりで開かれる心のあり方

子どもは，手や体全体や行動などの活動からダイナミックに事物・事象を受け取ります。大切なポイントは，「遊び」が，子どもの集中力や関心を向けるレベルを飛躍的に高めることです。「遊び」の中では，子どもの心と外界は不可分な状況となり，空間や材料の可能性が生き

生きと目覚めていきます。動かない空間が動きだし，日頃何でもない，そこにとどまって変わらない材料のあり方が変化を始めます。

いまだに，子どもを「机にじっと座らせて，静かにさせておく」ことが主眼になっている指導者がいます。じっとさせる，静かにさせるという表面的なところを判断して学習を始めようとするのです。本当は，あらゆる子どもが「見たり・聞いたり・触ったり」「興味を持って見る，考えながら見る，工夫しながら見る」「見て思いつく，見て発想する，見て計画する」などの活動に参加し，感性が開かれた状態に保つことが重要なのではないでしょうか。現在の教育現場は，立ち歩きなどを問題視し，かなり「止まらせる」ことに集中する傾向があります。ヨットハーバーの例でたとえると，港へ行くと船が見事に係留されて素晴らしい景色です。ところが船をつなぎ止める方法にばかりに気をとられていると，船の本来の姿を見失います。船は，広い世界を航行して初めて船の本来の可能性を発揮できるのです。船は，出航して様々な波を越えながら，目的地に到着します。動くこと・旅をすることで別の世界に行くことができるのです。活動ができ，関わりが深められることが大切なのです。

子どもが関わりを深めるための学習材として，図画工作科では材料を準備します。材料と言っても子どもが扱いやすい，形や色の変化が起こりやすい材料を工夫して準備します。「色水作り」は，その典型事例の一つです。透明なペットボトルやプラスチックの容器に水を入れ，絵の具を少量入れます。溶け合う姿に感じて子どもは楽しくてたまらないのです。

また，なんでもない紙も，２つに折ることですくっと立ち上がるので，平面世界から立体世界へ行くことができます。1919 年にドイツのバウハウス（造形大学）で，初めてその意義の大きさが指摘されました。普通，立ち上がらせたいものに支えを入れて立体にしますが，紙を２つに折るという行為は，立体世界に入る予感が内包されています。立体になっていく姿からスタートして，作りたいものは徐々に考えることができます。

さらに，子どもの造形活動では，紙箱がよく使われます。はじめから空間的な材料なのです。牛乳パックは，積み木のように積むだけで，レンガを積むように家ができあがります。ティッシュボックスは，開口部を頭に入れれば帽子のベースになります。帽子のベースにさらに何段も別の箱を積み上げると，押し出してくるような造形になります。空間思考の扉が開かれているのです。感覚が活躍する材料や空間のある場所を指導者がしっかりと準備すると，子どもたちの材料や空間への応答が始まります。創造活動がスタートするのです。

また，授業では，子ども同士で何らかの働きかけもします。人環境が子どもの感じる力を一層強くします。環境や材料から刺激を受けて，子どもは感受性を揺り動かし，輝くまなざしを向けて，豊かに意味を受け取るのです。

（3）生活空間とイメージ空間の２つの世界

子どもが関わる空間は，生活空間だけではありません。造形教育においては絵画空間に代表されるイメージ空間に関わることになります。イメージ空間とは，独自な形や色や意味などが成立する空間です。冒険の森なのです。子どものわくわくする遊び心は一層触発されます。生活空間にあることを絵にする場合には，生活経験の豊かさが本来必要ですが，絵の具箱の好きな色からスタートすると何にも似ている必要はありません，どこにもないその子だけの唯一の形や色の世界が初めて登場してもよいのです。

演劇の舞台のように願ったことがかなえられる空想やファンタジーが生まれる世界では多種多様な形や色，イメージが登場し認められる世界なのです。子どもは，そして大人も，生活空間という実在空間とイメージ空間という２つの空間を行き来するのです。

このイメージ空間には大きな吸引力があります。子どもの自由画帳は，その子しか分からない絵たちが棲む世界です。ある子が紙にAちゃん，Bちゃんと自分でつくった友達を描いて楽しむようになりました。顔の印象は，○○で，体は△△で，性格は□□としています。たくさんの頁が自分の思いの人が登場する空間として広がっていきます。切り抜くと後ろ姿も描けるようになります。服も着せて，トークシーンも人形劇のように行えます。よく，大人のアニメを見て子どもが真似るのだと考える人がいますが，子どもの楽しいイメージ生活はすでに存在しています。イメージ空間の生活。図画工作の魅力はこの点にあります。

そこで，大切なポイントですが，イメージ空間の豊かさと，今どこの空間にいるのか，自然な自覚を学ぶことができます。「これは絵なんだ」「これは想像したことなんだ。面白いだろう」と言えるようになります。いまやインターネットやゲームメディアにおいて，直接的体験と間接的体験が倒錯する時代に入っています。バーチャルな出来事空間から出られなくなる人も増えています。図画工作科をしっかり学んで，イメージ空間と豊かにそして適切に向き合う本格的な学習が学校教育ではぜひ必要だと思われます。

（4）基礎力から見た「描くこと・つくること」とイメージ生活との関係

ここでは，基礎力の見直し，イメージ力の意義，知力との関係の３つの側面に触れていきます。

まず，基礎力の見直しです。図画工作科は，もとより絵に描いたり，粘土で立体を作ったり，工作をしたりする学習です。この学習の積み上げげで，表現方法が堪能になることは間違いないでしょう。ところが，道具や技能の習熟は，必要な学びではありますが，あくまで一部ではないかと思います。

例えば，ハサミやカッターで切る場合，通常は郵便物や梱包されたものの中身を取り出すときに道具として使われます。ところが，ものを生み出す表現教科では自分の思った中身を生み出すチャンスをくれるものとして働き，イメージ生活にスイッチを入れる装置となるのです。表１は，人が行う基本的なイメージ操作と造形的方法との関係を示した表です。

ハサミは，確かに材料から形や状態を切り出します。顕著に表現効果を与えるので，どうしても材料が切られることに注目されがちです。ところが，ここではイメージが切り出され（取り出され）ていることに注目してみたいと思うのです。

材料・用具（道具）が変わっても絵画的なイメージが取り出されたり，空間構造を構成するために切り出すことがまず重要です。この材料しか使えないというのではなく，様々な材料用

表１　６種類の基本的なイメージ操作と造形的方法との関係

種類	基本的なイメージ操作	造形的方法	
		平面（絵，デザインなど）	立体，工作など
1	イメージの抽出・取り上げ イメージの切り出し イメージの分離・分割	指で描く，クレヨン・パス・フェルトペン・鉛筆など描画材料で描く，写真など	手でちぎる，ハサミやカッターで切り出す，鋸，糸鋸，電動糸鋸などで切り出す
2	イメージ合成	描き加える，コラージュ，重色，スフマート（濃淡で描く）コンピュータで描くなど	糊で貼る，糸でぬう，釘を打つ，立体の材料のコラージュなど
3	イメージの配置 並べ・移動・ずらし・並べ替え	配色，点描，マークや模様の構成など	色紙など，木ぎれ，木の板，紙箱，石，ペットボトルなど
4	イメージをまとめる	近づける，類似色を集める，同一線上にするなど	一つの作品にする，実用性と美の調和，地軸と垂直にする（水平化）など
5	イメージの変形・歪形・交換・組み替え（イマジネーションとも言う）	ディフォルメ（形を変える，誇張する）など	粘土を歪める，切ってつなぐ，組みかえる，たたく，ほどくなど
6	イメージの保存・取り出し	スケッチブック，ポートフォリオなど	保管など

具で，イメージを切り出すことが必要なのです。さらに社会活動でも切り出したり，取り出したりする行為は，かなり重要な活動です。本人が意識して切り出す場合もあれば，無意識に切り出す場合もありますが，人の働きかけで初めて生み出されるものなのです。

実際にイメージという言葉は，分かりやすい用語ではありません。表１の右欄に見るように「指で描く」などというように造形的方法で説明した方が，何をするのかは理解しやすいでしょう。しかし，表現力の基礎とは何だろうかと考えてみるならば，右欄の具体性を左欄のようにとらえ直すと，目の前で何が起きているのかがとらえやすくなると考えます。また，学習指導要領（平成 29 年告示）では，キャリア教育が提言した資質・能力の「基礎的・汎用的能力」のとらえ方が影響するようになりました。表２には，キャリア教育の基礎的・汎用的能力（4 つの能力）と図画工作との関係を示しました。

例を一つあげると「基礎的・汎用的能力」の時代には，美術や音楽や体育で共通となる美の感性があります（表 3)。また，相手に伝えるためのコミュニケーション能力としては，筆で描く場合もあるでしょうし，ペンで描く場合もあるかもしれませんが，それぞれ細分化された使い方の知識よりは，系統的な色立体の理解やカラーコーディネーションの活用能力が問われます。相手に大きく赤の車が欲しい，温かみのある明るい白い家が欲しい，黒色の服が欲しいと言っても思うところが伝わらないのです。色相・明度・彩度の色立体のどのあたりなのかと説明する必要があるのです。また，描画材料は日々開発され，CG やプロジェクションのような手法へも展開されます。個別の知識の寿命が短くなってきており，色の配色効果や空間効果，心理効果の理解など，共通した基礎的体系に基づいた理解や実践力の方が重要となってきてい

表２　キャリア教育の基礎的・汎用的能力（４つの能力）と図画工作との関係

	基礎的・汎用的能力	内　容	図画工作との関係
1	人間関係形成・社会形成能力	多様な他者の考えや立場を理解し，相手の意見を聴いて自分の考えを正確に伝えることができるとともに，自分の置かれている状況を受け止め，役割を果たしつつ他者と協力・協働して社会に参画し，今後の社会を積極的に形成することができる力	・班で造形遊びや共同制作に取り組む ・創造することの価値に気づき，自他の作品に表れている創造性を大切にする ・我が国および諸外国の間で，芸術文化交流する（鑑賞）
2	自己理解・自己管理能力	自分が「できること」「意義を感じること」「したいこと」について，社会との相互関係を保ちつつ，今後の自分自身の可能性を含めた肯定的な理解に基づき主体的に行動すると同時に，自らの思考や感情を律し，かつ，今後の成長のために進んで学ぼうとする力	・フェルトペンだと描けるなど，自分の思いが表現できる材料・用具を理解している ・やりたい活動ができる意義を理解する ・どこまでやれば自他に感動を与える作品ができるのか感じ取る ・班での造形遊びや共同制作にチャレンジする
3	課題対応能力	仕事をする上での様々な課題を発見・分析し，適切な計画を立ててその課題を処理し，解決することができる力	・自分の表現主題を見つけていく ・発想・構想・表現（技能）の表現過程（表現）のステップを踏まえる ・伝達の表現で相手に伝わるか見通しを持つ ・プレゼントの表現では，喜んでもらえるか予想する
4	キャリアプランニング能力	「働くこと」の意義を理解し，自らが果たすべき様々な立場や役割との関連を踏まえて「働くこと」を位置づけ，多様な生き方に関する様々な情報を適切に取捨選択・活用しながら，自ら主体的に判断してキャリアを形成していく力	【自ら主体的に判断してキャリアを形成】 ・漫画，アニメーションなどの職業選択 ・児童画・図画工作の指導の教職 ・美術文化のNPO，文化を紹介する学芸員 ・地域的，国際的な文化交流グループなど

参考：『小学校キャリア教育の手引き（改訂版）』2011 年（平成 23 年）5 月，pp.13−15 に図画工作との関係を村田が加えている。

表３　美と構成の原理（美術，音楽，体育などで，同じ原理が活躍しています）

1	バランス（釣り合い・均衡・調和），シンメトリー（対称性），プロポーション（比率），リズム（律動，強弱），アクセント（強調），ムーブメント（動き，動勢）
2	リピテーション（繰り返し），グラデーション（滑らかな連続的変化，形態・明暗・色調の段階的変化），コントラスト（対比，対照，明暗の差があること）
3	シュパンヌンク（緊張感，美の緊張，１点や２点などに視点が集まる構図，オールオーバー（全面が美で覆われ中心的な美を持たせない形式）

ます。ものに即応した知識から，基礎的・共通的体系理解へとイメージ活用能力は移行してきていると言えるでしょう。

さらにイメージ力の理解を深めるために「イメージ力の意義」，「知力との関係」を見ていきます。ヴィゴツキーに，イメージ力が創造力と関係が深いとみます。『子どもの想像力と創造』

では，基本行為には２つあって，記憶と緊密に結びつく再現的・再生的な活動と，複合化する活動ないしは創造する活動があると考えています（2002, p.10）。後者は，新しいイメージや行動の産出という結果を生みます（p.11）。この力をヴィゴツキーは，想像もしくは，空想と呼んでいます。そして，「想像力があらゆる創造活動の基礎として文化生活のありとあらゆる面にいつも姿を現し，芸術的な創造，科学的な創造，技術的な創造を可能にしているのです。この意味において私の周りにあるもの，人間の手によってつくられたものはすべて例外なく，つまり自然の世界とはちがう文化の世界すべては，人間の想像力の産物であり，人間の想像力による創造の産物なのです」（pp.11－12）と位置づけるのです。イメージ力の意義というのは，実は局所的なものではなく，文化をつくりだす根底的な人間力と考えていると言えます。

また，ピアジェ（Piaget, J., 1896－1980）は，発生的認識論の中で思考力の発達が表象というイメージ力と緊密な関係にあると述べました。感性と知性の発達は別物でなく，その共通部分に人のイメージ活動があるというのです。

国語教育では，教科の目指す姿を「豊かな言語生活者の育成」と総称したりしますが，ここまで見てきた感性とイメージの活動の特性を入れて図画工作科にあてはめると「豊かな感性的イメージ生活者の育成」となると筆者はとらえ，提言しています（2018, p.15）。

（５）あらゆる人の中にある表現を生み出す心的世界と創造力の基底

創造力というと，一般にレオナルド・ダヴィンチやミケランジェロのような大作家にしかこの言葉を認めないという立場があるかもしれません。はたしてそれは本当でしょうか。社会的立場の小さい人，つまり成長期の子どもや，障がい児（者）の造形作品が生み出されてくる現場には，星が生み出される宇宙の中心を見るような，万人の中に創造力があること，そして創造力の源泉は，人間存在（命）であり，命の基底にある，一人ひとりが基本的に持って生まれた自己組織化の能力が働いているととらえるべきなのではないかと考えるのです。

まず，創造力の源泉が，人間存在（命）にあるという側面から見ていきたいと考えます。

表現されると他者にその人の考えや思いや感じ方，さらには価値観が伝わってきます。紙や粘土を握りしめただけでもその人の唯一の形が出ます。１本の線，１個の形でも，その人の大切な生命の線や形なのです。このことを考えるとき，滋賀県の社会福祉法人びわこ学園医療福祉センター野洲（旧名第２びわこ学園）の重症心身障がいの方々の作品は，命と連動した造形行為の唯一絶対性に気づかせてくれます。その実情は，ドキュメンタリー映画『私の季節』（制作団体：有限会社協映，社会福祉法人びわこ学園，監督小林茂，文化記録映画大賞平成17年度）や2008年に出版された田中敬三さんの『粘土でにゃにゅにょ――土が命のかたまりになった！』（岩波書店，岩波ジュニア新書602）などや近年多くなってきている出版物やインターネットから容易に知ることができます。

田中さんの実践に注目するとその重要性を感じて園長岡崎英彦（1963（昭和38）年に西日本で最初の重症心身障がい児施設「びわこ学園」を設立）さんは，カメラで記録をとることを勧め，障がい児・者の活動を知らせる貴重な記録となっています。そして支援活動に取り組み始め，粘土室（アトリエ，活動場所）も学園の中心部分に作られたのです。

この田中敬三さんの原点となる（教えてもらったとする）吉永太市さんが寮長であった滋賀県の一麦（旧名一麦寮，知的障害者更生施設社会福祉法人大木会）の方々は，粘土（粘土の作品は岡本太郎も購入したといいます）や絵画，ファイバーアートの作品を生み出しました。一麦の作品群は，すぐれた作品に出合った時に感じる素晴らしさと，お作りなった方への敬意を感じるものです。社会が作家と見る見方では，際立った紅一点として紹介しますが，一麦の作品の良さは，それぞれの持ち味で乙甲つけがたい，表現者の群像としての姿がそこにあるのです。この施設は，1961（昭和 36）年に創設されました。

振り返ると戦後直後の 1946 年に，近江学園が糸賀一雄《いとがかずお》さん・田村一二《たむらいちじ》さん・池田太郎《いけだたろう》さんによってつくられます。3 者は，社会から敬意の念をもって，糸賀さんは障がい福祉の父，田村さんは日本の障がい児教育の先駆者，池田太郎さんは共生社会・就労の先覚者と呼ばれます。3 人の方に筆者は，2 つの強い信念を感じています。ひどい社会から子どもを守らなければならないという信念と，障がい児（者）一人ひとりが，心を持つ自立的な活動を行える子ども（人）であり，その存在を愛していくべきであるとの信念です。

近江学園で過ごし年齢が上になった子どもを受け入れていけるように，一麦寮がつくられます。田村一二さんが第 1 代の寮長で，吉永太市さんが第 2 代寮長です。滋賀県の障がい者アートの起点になった重要な施設であるととらえています。

一麦（当時一麦寮）では，安心できる日常生活を取り戻すことに腐心しています。日常生活の活動や農業以外に自由時間がありますが，その中で創作活動が行われています。吉永さんは，寮生の発想が表現されている粘土の造形を「遊戯焼（ゆげやき）」ととらえて，一人の命ある造形者への敬意を持ちながらの支援活動を始めました。絵画活動では，使われたシーツをきれいに洗い直しそれをキャンバスにしました。一番安い木をフレームにして，シーツを押しピンで留めます。絵具は高価なので，染料で描きました。大きさは，90 × 65㎝程度でした。

パスでの表現では，パスを使ってどんどん表現したいので，渡される紙に制限があっても紙の裏表を使って描いた方もおられました。生活用品はあるので，布団の補修用の糸や職員の集めた布でカラフルなファイバーアートやコラージュアートを作ったり，切り紙造形を続けている方もいます。吉永太市さんによると創作作品が多産で驚くそうです。

これらの現場から学べるのは，一人ひとりの掛け替えのない唯一の生命が起点となって，個性的表現や独創的表現が成立するのではないかということです。

ここで，子どもや障がい児（者）の創造活動をとらえる上で，自己組織化（self-organization）というキーワードを取り上げたいと思います。自己組織化とは，自律的に秩序を持つ構造を作り出す現象のことです。自発的秩序形成とも言われます。宇宙のような物理事象でもカオス（混沌）のままではなく，銀河のような世界をつくっていきます。生物は一層独自な世界をつくろうとするわけです。大きなカオスはマイナスではなく，カオスが大きければ大きい程そこから大きな成長がもたらされるかもしれないのです。

実は不思議なことに，多様な人の世界観が関わるアートのジャンルでも，成長・発達を単純

吉田修三

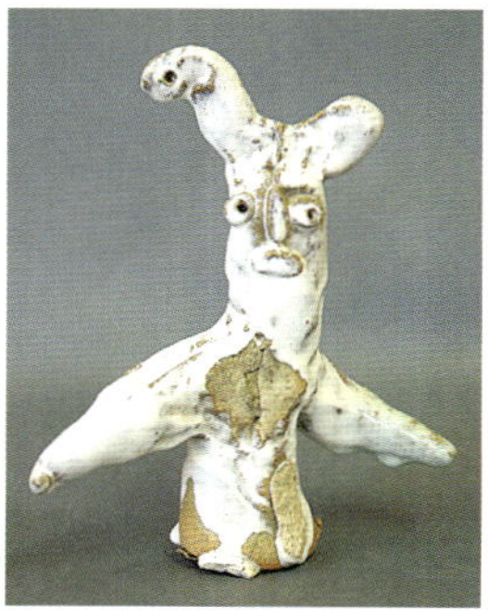

吉田修三

吉田修三

野田伸三

アトリエ，野田伸三

山内修身

三崎　勇

阪口公一

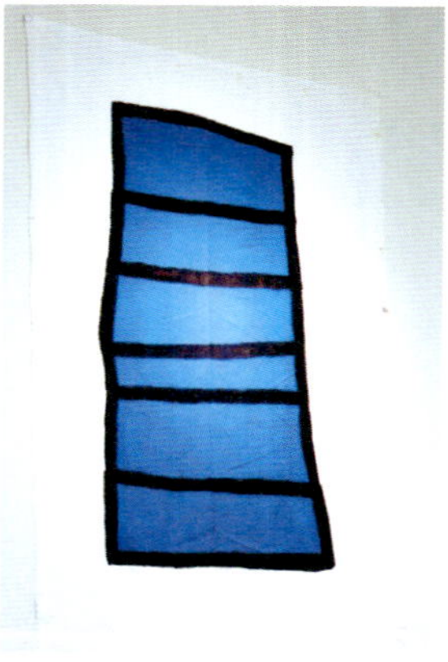

勝本新司

大森冨二子

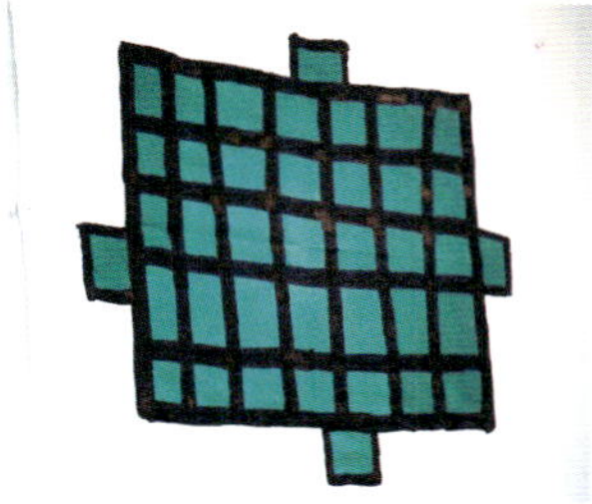

勝本新司

小川一博

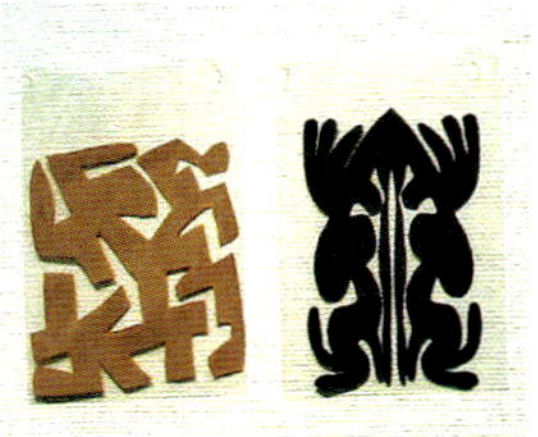

大森冨二子

大森冨二子

図１　一麦（旧一麦寮）の作品

な一つの流れ（線形）にして人を位置づけたいと多くの人が思います。この年齢は，こんな絵を描く，こんな作品に取り組むと説明したいのです。ところが授業でも，目の前の子どもは同じ発達段階のはずですが，機械生産のような姿では決してありません。同じにつくれと言うと同じになりますが，自分の思いを絵にしようと言うと同じ作品にはなってこず，千差万別の表現世界が展開されます。

発達的な傾向性もありますが，自己組織的なその子が表現を決めてつくりあげていく要素の方が大きいのです。小さな子どもでも，障がい児（者）でも明らかに表現主体者の活動をしているのです。

毎日の行動でも，子どもは歩き出すと大人の予想を裏切って，興味津々の世界に出かけていきます。好きなときに泣き，好きなときに笑います。材料があると自発的秩序形成が起こり，自分はこうしたいという思いが生じ，難しいと判断したら止めてもしまいますが，ある人は１度でできない場合，何度でもトライしてつくりあげようとします。人は，できそうだと予感すると，基本的に一度は作ろうとしているようです。感性的行為の面でも表現行為の面でも，その人独自の自己組織化の過程が活動に生じるのです。

人という存在は，様々なことを取り込みながら自分をつくりあげ，自分らしい表現行動や作品を生み出していきます。年齢段階の共通する特性は年次発達から学び，個々の活動でその子の世界がいかにつくられようとしているのかは，自己組織化の過程で見ていく必要があるのです。

（６）独創性

低学年から一人ひとりの独創性は存在し，教師は，この芽を摘まないようにしたいものです。一方，子どもの考えたことが軽々と作品に作り上げることができればよいのですが，どうしても完成に至らない場合もあります。中学年では多くの子どもに創造性の壁が生じ，高学年からの表現行動に大きな差が生まれる傾向にあります。自己表現とは，言うほど簡単ではないのです。国語教育の大村はまは，「子どもたちに，安易に，だれでもやれる，やればやれるといいたくない。やってもできないことがある――それもかなりあることを，ひしと胸にして，やってもできない悲しみを越えて，なお，やってやって，やまない人にしたいと思う」と学びと発達についての真髄にふれます。

さて，独創性について，任天堂の山内溥（1927－2013）は，「どうしておもしろいソフトがつくれるのかという問いに対しては，……結局はだれもがわからないんです。実はこうしてつくります，ああしてつくれますという解答が出せるとすると，だれでもそのようにすればできるわけでしてね。だからこそソフトウェアという言葉が非常に重みを持ってきているのでしょうね」（中谷巌（1993）『日本企業復活の条件』東洋経済新報社）と述べ，同じようにすれば常によい答えが得られるという考え方に疑問を投げかけます。そして，創造力が育まれることを目指して社内の人と場を豊かに構成することに力を注ぎました。

図画工作の子どもの作品を見ていると「こんな見方や考え方があるのだな」とその子の解釈

や価値観の大切さに気づきます。子ども一人ひとりの解釈や価値観は，さらにひとつのところに留まらず，成長・発達をしていきます。個の独自な世界を豊かに育てていくことは，その子の個の人生でも，独創力の影響を受ける社会の側からも大きな意義があるのです。

そして造形教育の現場は，自他の見方や考え方の良さにも気づける場所です。価値観のあり方は，同時に並び立つとも言えるでしょう。図画工作科の学びの時間は，このことを体験する重要な学習です。自己の価値観だけでなく，他者の価値観を受け入れ，自己と他者の両者が成立する貴重な体験ができる学びを子どもの教育に十分生かしていくべきだと言えるでしょう。

2　人間性の疎外と回復にみる創造力

第２に，現代という時代は，地球温暖化による気候変動の激化や地球そのものの激動期を迎えています。人の感性のあり方も，とても厳しい状況からの粘り強い脱却の側面が存在します。イギリスの美術教育を例にとると，産業革命から来る人間疎外の回復が基底に置かれてきました。代表的な論者としてはジョン・ラスキン（美術評論家），ウイリアム・モリス（詩人・デザイナー），ハーバード・リード（美術史・評論家）等があげられます。

心の回復という点では，河合隼雄（1928－2007）は，スイスのユング研究所で日本人として初めてユング派分析家の資格を取得し，臨床心理学の実践を進め，箱庭療法の活用などの知見を深めました。また，絵本や児童文学，神話や昔話などに深層心理の視点からの考察を発表しました。河合の構想もあり，2006 年に京都万華鏡ミュージアムが，京都市教育相談総合センター（こども相談センターパトナ）に隣接されています。万華鏡のつくりだす形や色の無限の成立から何らかの心の支えになっていこうとするものです。2013 年から子ども万華鏡大賞展を開催していますが，筆者も関わり，身近な材料でプロも驚く工夫のある応募作品に目をみはります。光の形や色だけは，どこまでも子どもに寄りそって歩いてくれるのです。

岡本太郎は，1970 年の万国博覧会テーマパークを飾った「太陽の塔」を創作した現代美術家で，パリで現代思想家たちと交流した思想家です。岡本は，すべての現代人が部品化されたところから来る「自己疎外」の状態にあると考えます。そして，「毎日，瞬間瞬間の自己放棄，不条理，無意味さ」（1999, p.20）の状態にあると捉えるのです。あらゆる人が全体性を持たなければならないのに，部品のような生活を送っているわけです。チャップリンは，映画『モダンタイムス』で歯車に巻き込まれるシーンを描きました。岡本は芸術の役割を，「失われた自分を回復するための最も純粋で，猛烈な営み。自分は全人間である。ということを，象徴的に自分の上にあらわす。そこに今日の芸術の役割があるのです」（p.21）と主張するのです。

先に見るように，アートの心理回復効果としては，アートセラピーという臨床心理学の分野がありますが，岡本は，「癒やし」という言葉を使いません。癒やされない状況を抱えながら進んでいくしかない，それを表現するしかないと考えるのです。現代は，地球環境も世界情勢も，人が帰属する大規模システム（国や会社など）が不変ではない状態なので，自己の人生も決められた一つの流れとは限りません。また，個人に目を移すと家庭の分裂・崩壊は，一層不安を増幅するものでしょう。命すら脅かされる出口の見えない急激な変動により，挫折や絶望，閉塞や萎縮，不安や恐怖と向き合うことになります。人は，つながりを失い，断ち切られ，孤立を深める存在に陥ります。生きる場所，働く場所の急激な変化と理不尽な状況に突然に放り出される事態が生じるのです。リオタールはポストモダンとよび，安心できると考えた大きな物語の終焉と捉えます。

このような状況では，回復も一筋縄ではいかないことになり，継続的で粘り強い取り組みが必要となってきます。セラピー的な立場と岡本的な立場の２つがありますが，疎外と回復に向き合った創造力と総称するべき大きな努力が必要だととらえるべきではないでしょうか。

3　一生を通した生活実践での創造力

第３は，人の一生涯に関わる創造活動です。日本および多くの国が長寿社会の時代となっています。これまで学齢期と成人期，そして高齢者の時期と人生を３層に分類して社会制度等が整備され，人の生き方もその枠組みで考えてきました。ところが今日でも，高齢者は差別や偏見の対象とされる風潮があり，社会保障費などの負担を増やすだけの存在と捉えるのです。

アメリカの精神科医ロバート・バトラーは，「エイジズム（Ageism）」という新語をつくり，高齢者への差別や偏見のあり方に警鐘を鳴らし，差別撤廃の方向性を打ち出しました。そして，その意義が高く評価され，1976 年，“Why Survive?：Being Old in America”（日本版：グレッグ・中村文子訳『老後はなぜ悲劇なのか？――アメリカの老人たちの生活』メヂカルフレンド社，1991 年）でピュリッツァー賞（ノンフィクション部門）を受賞しました。そして，1982 年プロダクティブ・エイジング（Productive Aging）の理念を明確にして打ち出し，一生を通じて，創造的・意義のある社会参画的生産活動の構想を提案します。

いくら高齢になろうが，その人の感性の世界は誰も奪い去ることはできません。また，独自な発展をしていくものです。脳を含む身体全体の老化がおとずれようと，いかに継続的に感性的なイメージ生活者として，人々の生活を生き生きと豊かにしていけるかが，大変重要になってくると考えます。

高齢になってから「さあ，何か創作活動でもしなさい」と言われてもすぐにスタートすることはできません。若い頃に着物の仕立てをしていた方がいました。依頼があると布団もつくってしまうほどでした。高齢になり，老人福祉施設のデイケアに通いますが，一律に塗り絵を勧められても意欲が沸かないと言っておられました。小さくても社会に必要とされる活動という点がキーポイントなのです。

小学校などの基礎教育のうちに，何かを生み出す喜びや他者へ貢献する意義ある生活ができるように準備しておくことが必須のことなのです。創造的な感性の教育で，キャリア教育としてプロの作家やクリエーターを育てるのも図画工作教育で必要かもしれませんが，あらゆる人が自らの感性的イメージ生活を一生持ち続けられるような基盤づくりをすることが，図画工作科の果たすべき大きな役割だと考えます。

本書では，心の基盤のことを情操と総称してきました。この基盤は人生で何度も崩壊の危機に直面しますが，高齢者で幻視を見るレビー小体型認知症の例をあげるまでもなく，その人らしく感じたり，考えたりする活動こそが人の最も基本とすべき活動なのです。

人がライフサイクルに応じた感性活動を生き生きとおくれるよう，心の基盤をいかに強くしていくことができるのか，様々な実践を通して考えていく必要のある時代になってきていると言えるでしょう。

・ヴィゴツキー（2002）『子どもの想像力と創造』広瀬信雄訳，福井研介注，新読書社
・岡本太郎（1999）『今日の芸術――時代を創造するものは誰か』光文社，光文社知恵の森文庫
・大村はま（2005）『教室に魅力を』〈人と教育双書〉，国土社
・桑原隆編（2012）『豊かな言語生活者を育てる――国語の単元開発と実践』東洋館出版社
・中村哲（2013）『天，共に在り――アフガニスタン三十年の闘い』NHK出版
・ロバート・バトラー／ハーバート・グリーソン編（1998）『プロダクティブ・エイジング――高齢者は未来を切り開く』岡本祐三訳，日本評論社
・フィードラー（原書 1887）『芸術活動の根源』
・ウォルター・J・フリーマン（2011）『脳はいかにして心を創るのか――神経回路網のカオスが生み出す志向性・意味・自由意志』浅野孝雄訳，津田一郎校閲，産業図書
・水田邦雄代表（2014）「平成 25 年度プロダクティブ・エイジング（生涯現役社会）の実現に向けた取り組みに関する国際比較研究報告書」一般財団法人長寿社会開発センター，国際長寿センター
・村田利裕・新関伸也編（2018）『やわらかな感性を育む図画工作科教育の指導と学び――アートの体験による子どもの感性の成長・発達』ミネルヴァ書房
・吉永太市編著（2015）『遊戯焼（ゆげやき）　生の象形――一麦寮生の足跡から』田村一二記念館

（村田利裕）

Ⅲ

教育実践現場からのエピソード分析

キーコンセプト

●エピソード分析　●エピソードで取り上げたい子どもの興味・関心，ユニークな気づき，独自な解釈　●教育現場から，子どもの表現と鑑賞の意義をみつめる　●試される人間教師の存在，教育実践の喜び

1 エピソード分析について

2022年から教育現場の実践研修会で実技実習の前に「今週の実践で，子どもって素晴らしいなと感じたこと」を短時間のエピソードとして語り合う研修会を始めました。反応はよく自他の教育現場の素晴らしさをキャッチすることは現職の先生にも大切な体験のように考えます。

もっと，教育現場が身近に感じられるようになりたい。

これは，教育現場の力量を高める必要のある人の切実な要望です。教育現場につく前の大学生の方や，すでに教育現場におられて，一層子どもに良い教育をしていきたい先生方，教育に関心のある保護者の方にも大切なことだと思われます。現場の教師でも現場に出向いて初めて理解できたことや，明確な根拠はないが極めて重要に感じられ，事象や認識を記録に留めておきたいことが生じます。

どうしたら教育現場の状況を自他ともに切実感をもって記録し伝える形にできるのでしょうか。本書では，その試みの一つとして，エピソード分析をご紹介したいと考えます。

ここでのエピソード（episode）分析とは，「教育現場のちょっとした出来事，また，それを伝える話を起点に，そのときの様子から感じたことや考えたことを記述する」分析のことです。論理のための論理から脱出して，振りかぶった形や整えようとする強い意識から一度自由になって，しかし，「教育現場で大切だと感じたことをしっかり取り上げることを忘れない」という精神で，教育現場を省察します。

一般に，精度良く諸情報を積み上げていけば，教育現場がよく理解できるようになると考えます。また，切れるような批判力で教育現場を見つめて，哲学や批評論を積み上げていけば，かっこよい感じがします。しかしそのようなことで，生き生きした教育実践の理解を深めて子どもたちが喜ぶ授業ができるのでしょうか。「普遍的かどうか」ばかり問いすぎると，実際に生じている一人ひとりの子どもの反応が削られてしまうことがあります。「何を学ぶべきか」ばかり問いすぎると，先生の意見で埋め尽くされます。「子ども」ばかりに目をやると，新しい学びからその子が一歩いかに踏み出せるのか，発達と成長の可能性が分からなくなります。

本書のエピソード分析は，目の前の子どもの，そしてまさしくその時間に，目の前のその現場（場所）に生じていることが一番重要であるという考えを基盤にします。毎日を生きるという一見小さな時間や場所，活動や契機こそ，無限の意味と意義があるのではないかと考えるの

です。

未整理なことや裏付けのないことは書いてはいけないと思いがちです。ところが，慎重になりすぎると現場体験から気づいたことが大切にされない分析になります。エピソード分析では，各種の制限の枠から一端解き放たれ・脱ぎ捨てて，大切だと考えたことは，ズバリと書いておく必要があります。記述量の長短は問いません。未整理ＯＫ，裏付け無しの信念もＯＫなのです。現場のライブな思考を大切にして分析を進めていく記述分析なのです。

山本功氏が，教育現場を書く上で「エピソード」というアプローチで教育現場の魅力を書かれたことが，本章全体の形式を定める発端となりました。愛野良治氏のエピソード分析は，小学校１年生の「キラキラ ふわふわ」で子どもが体全体で風や大きな空気といかに関わったかの分析です。総合的な学習の時間の創設に尽力された氏すら驚かす，子どもの本当の活動力とはどんなものだったのでしょうか。妻藤純子氏の分析は，教育現場のあるべき姿を基軸に，どんな子でも自分の思いが持てるし，ユニークな世界に到達できるという実感をくれるエピソード分析かも知れません。読んで覚えるというよりも，参考にお読みいただいて，読者それぞれの考えを深めていただければと思います。そして，いくつもの考えを持って教育現場の子どもの前に行き，子どもへの教育準備や応答，自己の省察を発展していただければと考えます。

（村田利裕・塩見考次）

2　教育実践エピソード分析　（山本功「学校での図画工作科」）

（１）図画工作科の魅力

エピソード１

担当外の学年の教室や廊下に掲示してある作品を見ていると，必ずそのクラスの児童が「何見てるの?」と話しかけてきます。そして，「見て見て，これ私の（作品）」と自分の作品を指さし，何を描いたか？何を使ったか？等を，楽しそうに説明してくれます。

エピソード２　図工室前の廊下の掲示

図工室の前の廊下に毎月，日本や西洋の絵画の複製を掲示していますが，例えば《麗子像》（岸田劉生作）を見て，「これ，先生が描いたの?」「誰が描いたの?」「この麗子さん，素敵。だって，背景が暗いからバーンと前に来る感じがするし，日本人かなと感じる表情がいいわ。目も，何を見ているのか気になって気になって，この前を通ると，つい見てしまう」と言ってくる子もいました。

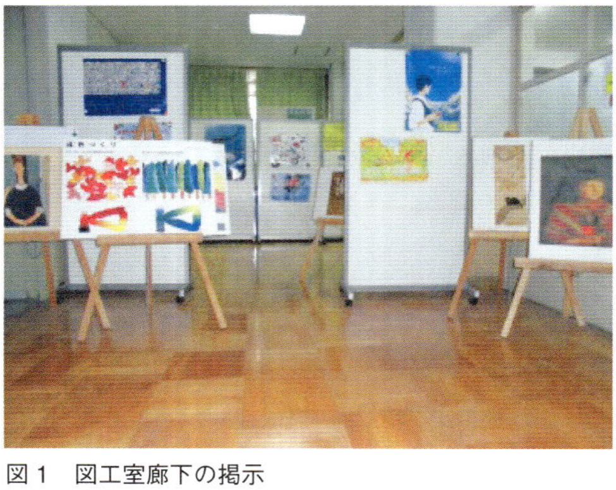

図１　図工室廊下の掲示

掲示作品を変えるたびに，多くの子が立ち止まって見入っている姿を見ると嬉しくなります。
「先生，麗子さんは？　もう飾らないの？」「やっぱり麗子さんがいないと」と，再び《麗子像》を見たいという子が，放課後図工室に来ました。
「作品の入れ替えには早いけれど，リクエストに応えて，《麗子像》を展示しましょう」と話すと，「楽しみやな」と嬉しそうな足どりで帰っていきました。

（2）児童の好奇心を引き出す授業の導入

エピソード３　教科書題材「まぼろしの花」（3, 4 年下　日本文教出版）

この学習は，児童が想像を膨らませて，唯一無二の花を描く活動です。本校では，難聴学級児童とともに図画工作科の学習を進めているため，抽象的な言語や難解な言葉に対しての配慮が特に必要であることから，授業の最初に「まぼろし」の意味を一緒に考えることから始めました。
まず，辞書的な定義として「実際にはないものが，あるように見えること。そういうもの。また，存在の確認が難しいもの。たちまちのうちに，はかなく消えてしまうもの。その存在さえ疑わしいほど，珍しいもの」と説明し，子どもたちに考えを尋ねました。４年生は３クラスで，１つ目のクラスでは，「ありそうにない，ほんとうにないものということ？」「自分で想像していいの？」「花みたいに見えなくてもいいの？」と，まだ何を描いていいのか少し分かりにくそうな反応が返ってきました。
そこで，２つ目のクラスでは，教師が思い描いた「夢」の話を付け加えました。「帽子をかぶっていたらその帽子から羽が生えて空に飛び立ち，あちらこちらから色とりどりの羽の生えた帽子が飛んできて，空いっぱいに広がって花畑みたいになった」。「みんなで合奏していたら，それぞれの楽器から芽が出て，葉っぱやつぼみがぐんぐん大きくなって，持っていた楽器が花になった」。「雨つぶの後に次々と花が咲いて，花傘になった」。
「まぼろし」と「夢」を同じように受け止めていいと話した後，「みんなだったらまぼろしの世界を『花』で表すとどうなるかな？」と尋ねました。
３つ目のクラスでは，この話に加えて，教師の「夢」の世界を描いて，こんな感じかなと子どもたちに見せました。
このように授業の導入部分は，子どもたちの反応を見て，少しずつ改善していきました。しかし，３つ目のクラスのように仮にでも絵にしていると，教師の絵に影響される児童もいたので見せない方がよかったと反省しています。

エピソード４　教科書題材「カードで伝える気持ち」（3, 4 年下　日本文教出版）

この学習は，カードを開くと，中から飛び出す仕組みを理解し，送る相手を意識して作品を作る題材です。導入では，児童が「こんなカードを作りたい。送りたい。面白そう」と思えるように，基本的なものから少しずつ発展させたものまでいくつかの飛び出し方を提示しました。そこでアイデアスケッチでは，「誰に，どんなメッセージを送るのか」をしっかりおさえた上で取り組むようにしました。

はじめは，全員が基本の仕組みを作り，アイデアを考えました。

さらに高度な仕組みを作りたい児童には，実物提示資料と切込みが少しだけ入っている用紙を渡し，「このままだと飛び出さない。どこを直せばいいか，正しい仕組みと比べて見つけられるかな？」と問うと，「ここが違う」「仕組みが分かった。ということは，何段でも作れるということ？」と目を輝かせて，あっという間に３段，４段，５段と作っていきました。それを見て，７段まで作り上げていった児童もいました。

図２（左），図３（右）飛び出す仕組み

できあがったカードを見せ合いながら「これは，田舎のおじいちゃんにあげる」「私は，今度成人になるお姉さんにあげる」とそれぞれに送る相手への思いが感じられる楽しいカードが完成しました。

＊児童の作品への“おもい”にふれ，新たな発見をする

児童の作品には，構図や色づかいなどに様々な工夫が見られます。自分のおもいを表すために，どのような思考をし，どんな表現方法を選んだのかは，見るだけで伝わるものもありますが，本人の言葉がないと分かりにくいことが多いです。児童から話してきたり，こちらが尋ねたりして，直接話をすることもありますが，多くは，授業後の「ふりかえり」カードを活用しています。カードを読むと，作品が違って見え，気づいていなかった発見があります。

エピソード５　「ふりかえり」カード

エピソード３「まぼろしの花」で夢のお話を聞いて自分自身の花を想像した事例です。ある児童の作品が，「画用紙の外側まで広がっていくような色彩豊かな作品だな」と，はじめは構図や色彩のことばかりに目が行ったのですが，「ふりかえり」カードには，題名『ヤギの住む水中』「ヤギにたくさんの花をつけて，くきをのばしてぐるぐるまきにしたところを見てほしいです。さきっちょのハートはヤギの心ぞうです。」と，書いてありました。よく見ると，中央の団扇のような部分は確かに「ヤギ」の形をしていて，周りのつるをたどっていくと，その先にハートの形があり，それを心臓と表現していることに，子どもの絵の面白さを感じました。

図４　児童作品「ヤギの住む水中」

エピソード６　教科書題材「ギコギコトントンクリエイター」（3, 4 年下　日本文教出版）

初めてのこぎりを使って木を切り，木片を組み合わせて自分の作りたいものを工夫していく

工作の活動です。

導入として，のこぎりの各部分の名称や使い方を指導し，実際に切るところを見せました。この時点で「やってみたい」と発言する子がいたので，安全や使い方の確認の意味で何人かの子に木を切ってもらいました。この後，教科書の参考作品や教師の実物提示資料を見て，気づいたことや参考にしたいところを話し合いました。

同じ木材のキットの他に工務店から譲り受けた廃材を用意したほか，子どもたちには家からも木片があれば持ってきてもいいことを伝えました。

材料の木片を渡すと，「イメージは決まった」とアイデアスケッチをする子や寸法を測り，木に印をつける子もいました。「作った作品は，部屋に飾ってもいいのですか？」「作品にメモ用紙をひっかけるにはどうしたらいいのですか？」「コルクボードを家からもってきていいですか？」「キーホルダーとかひっかけられるようにフックを持ってきていいですか？」等，使おうと用途を考える子もいました。

なかなかアイデアスケッチができない子は，教師の実物提示資料をさわったり，切った木片を組み合わせたりしていました。「タツノオトシゴみたいやな」とひとり言を言うと，「先生，龍を作っていいですか？」と聞いてきました。「どんな龍やろ。楽しみやな。○○さんの龍を描いて見せて」と話すと，ニコニコしながらアイデアスケッチを描き始めました。

材料の木は，扱いやすいキットを使うだけでなく，様々な木片を用意したり，自分たちで準備したりすると，作品の幅が広がり，子どもたちの興味が深まるようです。

＊安全面の確認を

のこぎりなどは，最初は慎重に扱うのですが，慣れてくると，切る活動が雑になりケガをしやすくなります。毎時間最初にのこぎりを使うときの約束やクランプの使い方を確認しています。クランプは，班ごとに使うようにしました。順番を決め，次に切る子が「クランプの固定の仕方ができているか。のこぎりの使い方は正しいか」等，安全面を確かめるようにしました。切り終わった子は，やすりで表面を磨き，絵の具で彩色をするようにしました。

（3）児童の力を引き出す西陣織―織り機や職人の方との出会い―

エピソード７　総合的な学習「西陣織」の一環として

この学習をした地域を歩くと，西陣織の機音《はたおと》が聞こえ，クラスに１人は，保護者が西陣織関係の仕事をしています。学校内には，織り機が展示保管してあったのですが，使える状態ではなかったので，まず修理をし，子どもたちがいつでもさわれるように常設しました。次に西陣織に関わる様々な人たちに取材をし，苦労や喜びなど生の声を聞きました。特にある機織り職人の方の生き方にふれたときには，「私たちが大人になる頃には手織りの職人さんはいなくなるので

図５　児童作品「西陣織職人」

は……」「私もこんな素敵な図柄を織れる職人になりたい」と話す子もいました。

そして，「総合的な学習」の発展・まとめとして，機織りの様子を絵で表現しました。丁寧に描いた絵が多かったのは，職人さんのおもいを表現しようとしたからではないでしょうか。

エピソード８　地域の美術館を訪ねて

堂本印象美術館が，小学校と同じ行政区内にあったのですが，当時は，美術館というところそのものに行ったことがない児童も多く，鑑賞会を学校が企画して連れていっていました。この美術館は，表現体験も学べるということで，4年生だけでしたが，表現活動の目的でも行くことにしました。

まず，学芸員さんには印象氏のプロフィールや美術館のできた経緯，建物の外観について詳しく説明していただきました。その中で，外壁の母親のレリーフが心に残る子が多かったようです。「印象さんってお母さんおもいやったんやな。だから家族をモデルにした絵は優しく感じる」と話す子もいました。

次に展示作品を見ながらその特徴を学芸員さんに詳しく解説していただき，それぞれが気に入った作品を選んでスケッチしたり，感想をまとめたりしていきました。

中学年は現在でも見たことを絵にする内容がありますが，美術館の外観で描きたくなったところを絵にしたり，印象氏の代表的な立体作品をスケッチし，そこから刺激を受け作陶に取り組んだりもしました。

その後の授業で，「印象さんの壷やったら，なんか出てきても不思議ではない」「確かに何か出てくる気がする。」「出てきたものは……？」と想いをふくらませて『ツボの中から』と題した想像画にも取り組みました。図８は，壺の中に海の世界があり，あるとき，海の世界が吹き出して，なんと外にも海の世界ができたと想像して描いた絵です。その後，美術館の小学生向けのワークショップに参加する子もいて，子どもたちの美術に関する関心が少し広がってきました。

図６　地域の美術館（堂本印象美術館）で気に入った作品をスケッチしたり，感想をまとめたりする

図７　児童作品「美術館を描く」

図８　児童作品「ツボの中から」

エピソード９（絵本作家の話に）

新型コロナの感染も落ち着いてきた10月半ば，絵本作家の長《は》谷《せ》川《がわ》義史《よしふみ》さんが来校されました。生き生きした色彩表現で著名な方です。事前にZoomを使った校長先生による絵本の読み聞かせや長谷川さんの本をヒントに児童に「だじゃれ」を募集し，当日を迎えました。

講演では，自作の絵本（『おかあちゃんがつくったる』（2012）講談社等多数）の読み聞かせや弾き語り，模造紙に絵を描きながらの語りと，あっという間の１時間でした。

講演の後，図工室には彩色するのが苦手で，絵がなかなか仕上がらない男の子が２人，「先生，いのこりして絵を描いていいですか？」とやってきました。長谷川さんの話に感化されて，やってきたらしいです。

「草むらの緑って，どうやって描いたらいいのやろ」「『廊下の色は茶色だけやない。自分で色を見つけるんや』って言うたはったやん。それと同じや。草むらの中にもいろんな色がある」と絵を描きながら話す２人。

また図工室に掃除にやってきた子は「昨日の長谷川さんの話で，『ぬるんとちがう。かくんや。心を大きくしてかくんや』って先生と同じこと言うてはったからびっくりした。長谷川さんの話を聞いたら，ますます絵が好きになった」と話していました。

（４）心の育ちと担任の学級経営

エピソード10　児童の作品掲示は，全員分同じところで

廊下や階段の踊り場には，掲示板があり，子どもたちの作品や委員会のお知らせなどを掲示していますが，特定の子の作品だけではなく，入れ替えてクラス全員の作品を掲示しています。しかし，高学年になると，他のクラス・学年に自分の作品を批評されるのは嫌だという意識が強い子もいるので，共同作品や授業の流れが分かる板書などを掲示していることもあります。

エピソード11　朝，一人ひとりの子どもたちを迎えることから

入学直後の１年生は，いっぱいのワクワクドキドキを胸に登校してきます。時には，親と一緒に来て，泣きじゃくって校門から入ろうとしない子もいます。

そんな中で，新１年生の担任は，朝一番に教室に入り，安全を確かめ，子どもたちを迎えます。泣いている子は，校門まで迎えに行き，笑顔で一人ひとりに「おはよう」と声をかけます。

２日目からは，「○○さん，おはよう」と名前を呼びます。

就学前とは違い，担任が学校での様子を日記風に保護者に知らせることはありませんが，がんばっていたこと等を連絡帳や電話で伝えることも多いです。

２・３年生以上の担任も，朝，すばやく連絡帳を見たり，宿題の提出を確認したり，ランドセルから教科書やノート等をお道具箱に整理しているか見回りながら，子どもたち一人ひとりの様子を見ています。

絵の具の片付けでは，単に丁寧にするように指導するだけでなく，絵の具のチューブ残量や絵筆の先にまで気をつけることが，素敵な作品を描く必須条件であることを意識させたいもの

です。筆を洗うときも，片方の手の平をお椀のように丸めて臨時の水入れとし，その中で穂先を回しながら洗います。

また，パスをよく使う低学年では，使用した後に他の色がついた部分を，ティッシュなどで拭き取る習慣をつけるように指導したいものです。

エピソード12　家庭への連絡，図工の取り組みを伝える意義

学校から電話がかかってきたら，まず親としては，怪我かトラブルがあったのでは，とドキッとします。何かマイナスのことがあるから，電話したり家庭訪問したりすることが多いのですが，保護者に子どものがんばっているプラスの様子を，時々あるいは毎日，連絡帳や電話で伝えている担任もいます。ほぼ毎日放課後に電話をする担任は，最初は保護者にびっくりされていましたが，担任の弾む声から楽しい会話がうかがえることが多いです。マイナス面のことは，顔を見て話さないとこちらの思いが伝わりにくいのですが，プラス面のことであれば，電話でも保護者と楽しい会話になり，保護者との信頼関係が築けます。

図画工作科の専科教員である筆者の場合，保護者との関係は希薄になりがちですが，保護者の中には，懇談会の後に図工室に来られたり，朝登校する子どもについて来られたときに「うちの子，作品がまだできていないので家に持ち帰らせてやらせましょうか」と声をかけてこられたりします。その機会をできるだけ逃さず，授業での子どもの様子やがんばって欲しいことを話すようにしています。また，家庭に電話する機会があると，授業でその子ががんばっているところや材料などを持ってきていただいたことに対しての感謝を伝えるようにしています。他にも，担任の先生に授業の様子についてのメモを渡して，通知表の所見に生かしてもらったり，直接子どもや保護者に伝えてもらったりすることもあります。

（5）教師のアドバイス

エピソード13　アドバイス，試行錯誤

絵の具ではじめて表現するとき，葉っぱの色ならば子どもたちは，チューブの緑色や黄緑色をそのまま画用紙につけます。「葉っぱをよく見てごらん（この真意は，存在感を感じてみようという意味もあります）」「緑色にも濃いところや薄いところがあるよ。青色と黄色の混ぜ方でもいろいろな緑の色ができるし，それに少しほかの色を混ぜるとどうなるかな」と話すと，ほとんどの子は，色の変化を楽しみながら混色で葉の色を付けていきます。ただ絵を描くのが苦手な子は，おもった色が混色できずにチューブの色のまま塗ってしまいます。確かに色彩イメージをつくるのは手間のかかることです。海の色は，空の色は，となるとますます単色一辺倒になりがちです。

ところで混色というと，色の混ぜ方と思いますが，隣の色との関係が大きいのです。絵の具などの色は，混ぜれば混ぜるほど暗くなってきます。「減法混色」です。一つのやり方ですが，画用紙の上で絵の具が関わっている程度に混ぜていくと明るさを失わず元気な絵ができます。隣に置いてあるだけだと暗くならず，目の中で混色します。置き方の工夫も色の印象づく

りでは大切です。何色か分からないほどのくすんだ緑色の横に，絵の具で出したばかりの緑を置くと微妙な感じが表せます。赤色と緑色は補色で横に置くとギラギラと目立ちますが，くすんだ緑色と鮮やかな赤はしっくりとなじみます。子どもの指導法には，青と赤と黄の三原色による絵の具指導や，最初に画用紙の下塗をする指導方法や色遊びから入る指導法などもありますが，子どもたちの実態に合わせて試行錯誤しています。

エピソード 14　実物提示資料

描くものやつくるもののねらいをはっきりさせるために，教師の実物提示資料は必要です。しかし，見本のように見せると，特に工作では，同じ見栄えのものを作りたがる児童がいます。そこで実物提示作りでは，完成したものではなく，仕組みや表現するときに大事なポイントが分かるような試作を作るようにしています。よく使う提示物を指導資料と自作しておくと，その提示物はかなり頼りになります。

図を使って説明しても理解しにくい子は，実物提示資料をさわって，「なるほど，こうなっているのか」と仕組みが理解でき，意欲的に取り組み，「ここをこんなふうに作りたいけど，どうしたらいいか？」とさらに工夫したい子は，実物提示資料を示しながら自分の工夫したいことを説明し，具体的な方法を尋ねてくるので，アドバイスがしやすくなります。

・上下を折りの構造にして開くとイカが出てくる

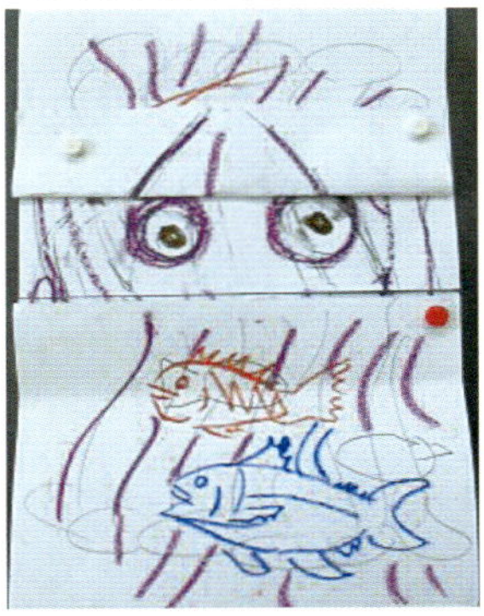

図 9（上），図 10（下）お話をつくるように考えて，絵を描く面白さを味わう学習。紙芝居風の実物提示資料

エピソード 15　教科書題材「ひらいて　広がるふしぎなせかい」（3, 4 年上　日本文教出版）

この教材は，２年生の「まどをひらいて」の学習からつながるものです。最初は，「先生，やったことある」とまた同じことをするのかと思った児童が多くいましたが，実物提示資料を提示すると，「えっ，えっ」と興味を示してきました。教科書では分からない，驚きを感じさせる導入が大事です。

教師が「海の中で魚たちが泳いでいるよ」「あれっ。大きな目玉がぎょろりぎょろり。あたりを見回しているよ」と紙芝居風に画用紙をめくっていきました。すると，「あっ，タコだ」と興味津々の子どもたち。教師「タコかな。ややぬるりと，頭が見えてきた」「イカ！イカだ。イカだ」と前のめりになって答える子どもたち。教師「さてさてヌルリヌルリ足が見えてきました」。「やっぱり，イカだ」と騒ぐ子どもたち。

「こんなふうにお話を考えながら作っていくと面白いね。みんなはどんなお話ができるかな？　楽しみだね」と話すと，子どもたちは意欲的にアイデアスケッチに取り組み始めました。

エピソード 16　どこから描いたらいいのか……

画用紙とにらめっこしたまま，じっとしている子が必ずと言っていいほどいます。絵を描くのが苦手な子ほど，声をかけるとさらに固まってしまいます。アイデアスケッチをすることはできても大きな画用紙に描くには抵抗があるようです。

こういうとき，アイデアスケッチを見ながら，描いたものについて子どもの思いをじっくり聞きながら，描きたいという気持ちを引き出したいものです。

低学年の場合，担任との信頼関係の中で一番描きたいものはどれか尋ねられることで，描きたいという気持ちが溢れ，「先生といっしょに描こうか」と話すとニコニコしてきます。「大きく描けたね」と話すと，その後，自信のある線で描いていきます。実際の大きさもさながら，自信を持った心の大きさが大切です。担任が見ていることを意識して，「どうですか？」と満足げな笑顔を見せてくれます。

エピソード 17

「絵の具のスケッチ」という題材で，「先生，花びらと同じ色ができました」と画用紙に，鮮やかなオレンジ色の花びらを小さく 1 枚描いた作品を見せにきた子がいました。その子は，1 時間をかけて 1 枚の小さな花びらを描いたのです。実物の花びらと見比べ「どちらが本物か分からないね。花びらの方もなくなってしまうと残念なので，本物も画用紙に張り付けてみたらどうだろうか」と言うと，納得した様子でその子は絵の中に本物の花びらを貼り，2 枚の花びらになった画用紙を大事そうに持って教室に帰っていきました。

（6）作品作りは，材料集めから

エピソード 18　教科書題材「コロコロガーレ」（3, 4 年下　日本文教出版）

まず導入で，ビー玉が転がる仕組みが分かるように，教師の試作品を使って遊んだり，教科書の児童作品を十分に鑑賞したりしました。

次に「どんなふうにビー玉を転がそうか」と想像をふくらませ，空き箱やラップの芯など何が必要かを考えメモしました。家庭の事情により，材料がすぐに集められないことも考え，子どもが材料を集める期間を十分に設けると同時に，教師も子どもたちのメモを見ながらできるだけ集めるようにしました。すると，翌週からお菓子の空箱や紙コップなどがどんどん集まり，教室で保管できないほどの材料が集まりました。

図 11 「コロコロガーレ」

エピソード 19　教科書題材「ひみつのすみか」（3, 4 年下　日本文教出版）

2 月のアートフェスティバル（図工展）に展示する予定を立てたのですが，制作するために必要なドングリやマツボックリ，枯れ枝等を集めやすい時期を考慮する必要がありました。

図 12（左），図 13（中），図 14（右）「ひみつのすみか」

そこで，10 月に一度，事前の授業をして，教師の実物提示資料や教科書の児童作品を参考にして，作りたい作品のイメージを出し合い，枯れ枝やドングリ，マツボックリ等材料を集めやすい場所について話し合いました。京都御苑や近くの公園・寺院・神社の他，休日に祖父母の家に行くのでそのときに集めると話す子もいました。

その相談をした翌週から，枝やドングリを入れた大きな紙袋を見せて，「早く作りたいな。いつ作るの？」「これは，こんなふうに使うよ」と話をしにきてくれました。聞いているだけで楽しい作品ができるのが分かりました。

（7）その他

エピソード 20　新しい道具を使うと

図画工作科では，各学年に応じで初めて使用する道具が決まっています（3 年生で金づち，4 年生でのこぎり，5 年生で糸のこぎり）。初めて使う道具での学習は子どもたちにとってちょっとどきどきするけど，魅力的なものです。怪我なく集中した取組ができるように安全な取り扱い方をしっかり指導することが大切です。

はじめは恐る恐るですが，慣れてくると，多くの子が注意を守りながら道具を使いこなせるようになってきます。しかし，安全や制作活動に対する集中が続かない子もいます。道具を持って歩き回る子，釘をひたすら打つ子，とりあえず切ってしまえという子に怪我をさせないように，より配慮した指導が必要です。

エピソード 21　生き物の観察

図 15　うさぎを見つめて

動物の飼育は，長期休暇中の世話もあり大変です。また世話をしていてもいつかは死を迎えます。そのため生活科では，生き物の世話について，学校の実態に応じて取り扱うように配慮を求めています。

1 年担任は，昨年度亡くなったウサギの代わりに，近隣の学校にウサギを借りる手はずを整えました。動物アレルギーの児童を考え，心臓の鼓動を感じられる機械を準備したり，動物が苦手な子には，柵越しに見られるようにしたりしました。様々な配慮をし，子どもたちが興味をもって観察できるようにしています。子どもたちの観察記録を見ると，どの子も自分が気がついたことや感じたことをスケッチしていました。

この経験は，その後の生活科や国語科の説明文の授業の中で生かされましたが，単独の教科の見方だけでは，どうしても子どもが，「動物がかわいい」「いのちが素晴らしい」「友達になりたい」と思う，心の中心部分が抜け落ちてしまいます。

図 16（左），図 17（右）動物に触れる体験

図工の絵では，その子どもは触れることができなかった動物でも，一緒に走り回って遊んだり，触って喜んでもらったという絵が可能です。絵で初めて，思いや夢がかなってもよいのです。

図 18　描きたい絵を発想し，絵の具で描いていく

エピソード 22　題材名「○○ワールドへようこそ」（共同制作）

この学習は，２年生と育成学級の児童とで共同制作をしました。みんなが行きたい世界を相談し，話し合いながら８ｍ× 0.９ｍの障子紙に描いていくものです。

10 数名ずつのグループでアイデアスケッチをし，それを生かしながら下描きなしで絵の具で描きました。どこから描こうかと悩む子も多かったですが，育成学級の児童が大胆に太筆で描くのを見て，２年生の児童も描き始めました。

「アイデアスケッチと違うものを描いていいのか」と心配して聞きに来る子もいました。「友達と相談しながら，描くものが変わってもいいよ」と話すと，ニコッとして，描き始めました。８ｍの障子紙は，約２時間で行きたい世界でいっぱいになりました。

図 19　パスで細部や，自分や友達を描き込んでいく

第２次では，グループごとに，どんな世界を描いたのかを他のグループに発表しました。そして，「自分たちが

想像した世界に行ってみよう」と投げかけました。登場する人物やさらに描きこみたいものをグループで相談し，今度はパスで描いていきました。

「海の中に行くには，乗り物が必要だ」と潜水艦らしいものを描く子，空中を走る列車を描く子，「飼っている犬や猫と一緒に行ってもいい？」と尋ねる子もいました。

第３次では，ローラーを使い，グループで自分たちの世界に合う色を決めて，裏から背景にあたる色をポスターカラーで彩色しました。

第４次には，発表と鑑賞を行いました。グループごとに題名やその題名をつけた理由やみんなに見てほしいところを発表し，その後鑑賞し合いました。

図 20

図 21

図 22　裏から色で描く

図 23　表から見ると感じが違う

図 24　発表と鑑賞

（山本功）

3　1年生「キラキラ ふわふわ」の授業実践エピソード分析

エピソード1　空気と出会う，風と出会う

運動場で，図画工作の授業をするのが「キラキラ ふわふわ」です。この授業に取り組んだ私や学級担任は，運動場にある大きな空気のボリュームや流れる風が，子どもたちをどのように励まして活動できるようにしてくれるのか，頭での理解はしていました。しかし，私たち大人だってそうですが，日頃から子どもは，空気や風の存在にあまり気づいておらず，かなりの気づかせる努力が必要だろうと考えていました。

「空気や風となかよくなろう」と，子どもたちに投げかけても，「えー，どうやって？」と返ってくるだろうと予想していたのです。ところが，「空気や風のつかまえ方をどうすればよいか，運動場のいろいろなところへ行って考えてみよう」と投げかけると，「やったあ」「それがやりたかった」と，子どもは，驚くほど元気に走り出し，あっというまに目の前には一人もいなくなったのです。

造形遊びの特徴は，子どもが対象（材料）に働きかけて，その対象（材料）からの反応が，大きくものを言うことです。というより，この反応に子どもたちが気づき，その気づきをもとに，活動（学び）を発案して展開していくものです。今回も，空気や風をつかまえるために，子どもは，駆け出しながら，大きな空気や風と関わり，体全体で考えていったのです。

図1　シートを広げると，すでに，様々な空気や風のかたちと出会います

「集合」の合図で帰ってくると，「口でつかまえた」とか，「帽子でつかまえた」とか，「走ったら，服の後ろが膨らんで，服でつかまえた」などと，それこそ嬉しさと一生懸命さを出しながら元気に全身で発表してくれました。

図2　大きな空気を感じます

あまりの元気のよさに，けがはしないかと，安全指導の切実感は増しましたが，大きな空気や風が，これほど子どもに身近な存在だということを目の前で知らされました。私たちは空を見ながら生活しています。子どもは学校への行き帰りに，この空気の大きな塊や層である空を見ながら「きれ

いだな」とか,「なんだろう」と思いながら自然現象と出くわしているのです。それは朝日であったり夕日であったりするでしょうし，雲の流れや雨の降る様子を感じていることでしょう。いずれにしろ子どもたちは，様々な状況下において自然環境の美しさやそれがもたらしてくれる感動や驚きの中で生活しているのだと，認識させられることになりました。

エピソード２　空気や風に反応する材料の教材研究―ポリエチレン製の「とうめいシート」と「とうめいテープ」―

今回実施した題材「キラキラ ふわふわ」を，授業者である私は，初めて実践します。つまり，私は，この題材と初めて出会ったのです。より細かく見てみると，この題材で扱う教材は,「空気」でありポリエチレン製（以下ポリと略す）のシート，テープ（市場では前者は養生シート，後者はスズランテープとも呼ばれている）です。

「空気」は，教材として理科の学習では扱ったことがあるし，ポリシートも，図画工作科の研究会等で教材として扱ったことがあるなと思いつつも，子どもたちと一緒に活動する造形遊びとして取り扱うのは初めてでした。さらに，透明の袋に空気を入れる教材研究はよく見かけるところですが，袋を振り回して空気を押し込む体験に近いと判断していました。

そこで授業の実施のためには，私自身がこの「ポリシートの効果」を確認しておかなければならないと考えました。実際にポリシートを切断し，２人や複数人で持ってみると，風の動きや空気のボリュームをとらえることができます。「えー，こうやって，空気の存在が分かる」と，素直な気持ちになれました。今回いっしょに授業をする１年生担当の２人の先生と，一緒にシートやテープを使ってみました。それも外や室内でやってみると，ずいぶんと外と室内（教室）とでは様子が違うことも分かりました。0.01mm 以下のポリシートとは，薄いので広げただけで刻々変化する空気のかたちを目の当たりにできます。目にするだけではなく，空や風の存在感を手で感じることもできるのです。さらに風のような大きな力の場合は，体全体で受け止めることになります。授業者として，良い教材に出会えたという実感が持てた瞬間でした。

テープは，なじみの深い荷括り紐です。これが空に飛び上がるはずはないのですが，長さが３ｍを超えると，ＣやＳの形で風を受けるようになり，紐をさらに繰り出すと，風を受けた凧のように高く舞い上がることが分かりました。

図３　とうめいテープ（スズランテープ）でとらえる

本題材の特徴は，扱う材料の数にも見られます。この授業で扱う材料数ですが，これまで私の実践してきた教材は,「１題材」につき「１教材（材料)」でした。１つの授業をするのに,「２つの教材（材料)」を用いるというのは初めての経験だったのです。どのように渡していくのがよいのか検討する必要がありました。

エピソード３　教材「とうめいシート」「とうめいテープ」に出会わせる

本授業ではまず，運動場に出て体全体で，空気や風をつかまえる方法を考え，次には，先生から子どもたちに出会わせたい教材「とうめいシート」の提案を行います。導入で，ポケットをブラックボックスにしてみました。当日私が着ていたパーカーに，折りたたむとポケットにも入ってしまうこのシートを，少しずつ見せながら引っ張り出しました。すると，子どもたちは，「あー袋だ，もう見えてるよ」と，出てくるポリシートを袋だと予想した発言や「分かった，走って袋でつかまえるんだ」とか，「私それをしたかった」などと次に行う自分の活動を想起した発言が続きます。さらに引っ張り出していくと，「でかい」「大きい，とっても大きい」と大きさに目が行きはじめます。

図４　広さ，大きさ，多様な形の体験

ここで，Ｔ2をしていただいた担任の先生と，シートを広げていきました。このシートを広げながらＴ２の先生と子どもたちの座っている頭の上に覆いかぶさるようにして見せたのです。子どもたちの列の後ろから前の方にへと，つまり自分たちの頭の上に大きなシートがやってくるというふうに仕掛けたのです。頭の上をひらひらと波打ちながら通過するシートに思わず，手を伸ばして触れようとする子どももいます。「テントみたい」など様々な声が弾んでいきます。教材との出会いで子どもの意欲を高めたいと計画しましたが，実際には，子どもたちの意欲や関心の渦にわれわれが飲み込まれそうになりました。

エピソード４　空気や風をつかまえる体験

自分なりにつかまえ方を考えた後，準備した「とうめいシート」「とうめいテープ」で空気や風をつかまえる体験をしました。子どもの両手を広げた長さ（110～120㎝）×その２倍から３倍程度の長さに切断したシートを用います。子ども２人が，このシートを自分の目の高さに軽くピーンと張るぐらいに引っ張ってみます。するとこの軽い材料は，「ふわふわ，ひらひら」と，波打つのです。このときが，まさにそこに「空気や風」が，子どもたちの目の前にリアルに姿を現した瞬間です。この反応が空気や風の存在する世界に入り込ませます。この世界では，シートの変化によって，様々な形態（体積，ボリューム）や力の変化が起き，繰り返し立ち現れます。ペアの２人は，立ち止まって相談もできますが，どんどんと生み出される変化に体全体で応えていくという姿が大半でした。

子どもたちは，がぜん「空気」をつかまえてみようとします。自分がやってみたい方法でしてみたり，となりで友達がやっていることを参考にしながらしてみます。ペアで取り組んでいるのですが，空気や風も激しく動き回る友達のようになっています。空気や風，そして子どもたちは様々な姿になって造形遊びの世界で活動を広げていくのです。

エピソード５　友達と力を合わせる

このように本題材は，空気や風というボリュームや流れを持つ不思議な材料を対象に，その姿をポリシートを通して子どもたちの前に姿を見せてくれるという非常に魅力的な題材です。さらに，この題材の素晴らしい点は，「空気が姿を現してくれる過程」を「友達と協力すること」「友達と力を合わせること」によって共につくりあげていく点にあります。図画工作の学習は，基本的に「わたし」が１人で行うことが多いです。しかし，この学習では，自分１人では活動が成立しないのです。子どもたちは，「わたし」と「あなた」（ここではクラスの友達）との協働（共同）の活動によって成立するのです。もともと造形遊びでは，子ども同士の活動が結びついてより良い活動へと発展していくことが多いです。この題材のように，「今から活動するよ」と声をかけた「そのとき」から「子ども同士の協働力」によるという題材は少ないのではないでしょうか。

図５　友達との協働が学ぶ力をはぐくみます

行動したいことが一致せずに，気持ちを探り合う瞬間もあります。あるときは譲っても，すぐに次の瞬間が現れます。誘い合ったり，してみたいことをはっきり言ってみたり，友達の考えを受け入れる態度も必要となります。この力を合わせることが，どのような資質・能力へと発展していくのでしょうか。それは造形的な力というより，「学びに向かう力や人間性」，友達といっしょに体験した空間や環境の素晴らしさへの感動体験のある人間，行動することで環境の神髄を受け止めた心情を持つ人間という大きな力量の育ちが，貴重なことなのではないかと考えるのです。

（愛野良治）

4　図画工作科と子どもの表現および鑑賞活動のエピソード分析

（1）表現活動の「わくわく」の泉は○○から

図工の学習では，導入をとても大事にします。導入は，学習内容や活動の見通しを持たせることはもちろん，学習への期待感や意欲を高める場でもあります。指導者は子どもが「わくわく」しながら図工の時間を迎え，過ごせるように授業を工夫します。子どもはいろいろなことから「わくわく感」を抱きます。子どもたちがどのようなことに「わくわく」しているのか紹介しましょう。

●用具編

エピソード１　水彩絵の具

個人持ちの水彩絵の具を購入すると，子どもは「いつから使うの？」と何度も聞いてきます。「次の時間から水彩絵の具を使います」。この言葉を待っている子どものなんと多いことか。この言葉を聞いてから当日まで，「絵の具（チューブ）の全部に名前を書いてもらったよ」「いろんな筆が入ってる」「タオルを雑巾にしたよ」などと話してくれます。授業当日は朝から落ち着かない様子も見られます。

「では，袋（バッグ）から出しましょう」「待ってました！」バケツ，パレットなど用具一式を出したら，今度は使いたくてたまりません。この気持ちを理解しつつ，ぐっと我慢させながら指導者は淡々と用具の名称，使用目的などについて指導していきます。このときの子どもたちの「先生，もう説明はいいから早く！早く！」という無言の圧力に負けそうになる担任です。

＊水彩道具の使い方の指導は丁寧に行います。各用具の名前と目的など指導すべきことはたくさんあります。特にバケツやパレットの使い方は混色方法や技法など，今後の技能指導にも関わるので重視したいところです。

水彩絵の具との出会いは色との出会いでもあります。ローラーで大きな紙に皆で描き広める活動は，あらゆる子どもの緊張感をほぐし，子どもは形と色が同時に出てくる様子にわくわくしながらどんどん活動します。学年が進むにしたがって，色は子どもに興味・関心のある事柄のあるテーマに即し，その実現に向けてわくわく感をもたらし，使ってみたい（つくってみたい）色を見つけるようになります。しかし，自分の目指す色をつくるためには，絵の具と水の量を微妙に加減する必要がありますから，子どもにとっては試行錯誤の時間となります。「あーちょっと濃かった」「今度は薄くなっちゃった」……。でも，そうこうしていると「うわあ，いい色できた」「横にいい色が置けたよ」「雰囲気出ている」と嬉しそうな声が聞こえてきます。学びを通して色を感じる，色を知る，色をつくる……どの行為も子どもの感性を大いに刺激する「わくわく」の素となります。

エピソード２　木の工作用の用具

木の工作用の用具は，木を切ったり削ったりするための特別な用具であるので，子どもにとっては日常的な用具とは言えません。どんなことができるのか，このことが子どもを魅了する要因になっています。特別な用具を使えること，木材を切ることができるという非日常的な行為は特別な時間となります。「木の工作をします」と言うと「やりたい！」という大きな反応が返ってきます。学習に入ると紙を切るより体力も技能も必要となりますから，子どもには難しさがあります。しかし，繰り返し使ううちに，だんだんコツをつかみ，上達していく様を子どもが自覚できることも，この木の工作用の用具にはあります。うまく道具を扱えるようになった喜びだけでなく，木を切る心地良さも同時に感じています。また木の工作において，できあがった材料の存在感や使えるものをつくることができたという達成感は格別のものがあります。こんなものがつくりたいと自分の希望をすぐに持てる子も，決めにくい子もいます。自分がつくりたいものを決められるように，考えていく過程に教師は付き合っていきます。

DIYを楽しむ大人が増えたこともあり，家庭で使用した経験のある子もいて，「友達よりちょっと知っている」といった得意な気分にもなれます。得意になって用具の名称や使い方の説明をする子もいます。「説明をお願い」と言って，子どもに話をすることを任せてみました。

＊木の工作の授業などリスクのある用具を使う授業においては，事前に用具の状態や使用本数の確認をするとともに，図工室などの学習場所のどこに置くかという，子どもの安全を確保した導線，つまり「場の設定」が重要となります。使い方の説明は十分に行い，友達とぶつからないように活動の位置や体の向き，運び方や片づけ方などのルールを決めておく必要があります。左利きの子どもも把握しておく必要があります。

●材料編

できることなら，材料は豊かでありたいものです。多種多様の中から「好きな色や形を選べる」「好きなだけ使える」，つまり「よりどりみどり」というだけで，子どもは学習への期待感を持ちます。といっても材料費には限りがありますから，どの題材でも豊かな量をというわけにはいきません。年間を見通して，どの題材で何をどのくらい使うかなど材料の計画を立てることも必要です。家庭や地域の協力を得て，収集できるものもあります。

エピソード３　紙，色との関係

色画用紙を複数色，題材によっては複数の材料を準備します。同じ色でも材料が異なると感じ方が変わってきます。色画用紙を机にグラデーションになるように並べたり，暖色寒色といった仲間に分けたりすると色の美しさを感じさせることができます。「うわっ，きれい」と驚きの声をあげたり，「どの色にしようかな」と迷いながら選ぶことを，まるでショッピングをするかのように楽しんだりしています。このとき多くの子どもは，自分の好きな色を選びますが，異なる色を並べて，どの組み合わせが自分のイメージに合うかなど，色の選択を慎重に考えている姿もよく見られます。

エピソード４　木材・枝，五感の働きを刺激してくれる

木材の場合も子どもが扱いやすいサイズの板材や角材に加えて，用具の扱いに慣れてきた頃に，幅の広い板材や柱になるような太い角材を提供することも，子どもたちの意欲を掻き立てます。切りながら，「先生，いい匂いがしてきた」「年輪がきれい」と教えてくれます。子どもは五感を働かせながら，木と関わっています。

＊授業時間数の制限もあり，限られた色数や市販の教材セットで実施することが一般的です。子どもに大量の材料を提供したい場合，その収集方法として，同僚の教職員，地域や保護者の協力を得るとよいと思います。ここでは，木材を例に紹介します。

○同僚：職員室で「木が欲しいなあ」とつぶやく，または大きな声で言ってみる。すると，「うちのクラスの保護者に大工さんがいる」「近くで，家，建てていますよ」など何かしらの情報を得られことが多いです。

○保護者：学習予定を数か月前に伝え，情報提供をお願いしてみましょう。

○地域：学校のある地域に建築関係などの木材を扱う業者さんがあれば，相談してみましょう。地域の方は子どもの学習となると，嬉しいことに協力していただけることが多いです。

（2）学習過程での子どもと材料・用具との素敵なおつき合い―体験の積み重ねを大事に―

図工の学習ほど多種多様な材料や用具を用いる学習はないでしょう。一番多いと言ってよいと思います。しかし，その分，指導する際には，様々な状況を想定し，先手を打って対処しておく必要があります。もちろん使いながらコツを獲得していくことも大いにありますから，体験を重ねることで，知識・技能を獲得させていくことも大事な学びです。ここでは，子どもたちが陥りやすい，材料と用具の良くない扱い方を紹介します。

エピソード５　鋸ぎり

用具にはそれぞれの特徴があります。先人たちが工夫を重ねた結果，今の形状や使い方があるのです。技能とともに，道具文化の継承の側面でも正しい使い方を指導したいものです。何も指導をしないと，子どもは，力を入れて素早く動かすとよく切れると思っています。必死になって動かすので，だんだん刃が立ち上がり，刃のほんの一部分しか使わないことになります。引くときも押すときも同じだけの力を使って切りますから，体力を使って切った割には，切れていないこともよくあります。頑張って切っているにもかかわらず，思いのほか切れていないと，使うこと自体が，嫌になってしまうこともあります。一方，鋸ぎりの基本を備えていて，全体を小ぶりにした鋸（動きが取りにくい狭い場所用につくられていますが，子どもには扱いやすいです）や竹を切る鋸は，基本的な切り方の効果が顕著に表れます。図工室の備品整備のときに，子どもが扱いやすくて，切る基本が早く身につく用具を揃えたいものです。

エピソード６　げんのう

金槌ですが，槌に特徴があり，片方は平らになっていますが，もう一方は少しだけ中心にいくにしたがって膨らんでいます。平らな方で釘を打ち，最後に膨らんでいる方で，釘を板に打ち付けることで，板の表面を傷つけることなく，打ち込むことができます。槌を使い分ける指導が必要になります。また，金槌で釘を打つとき，コッコッコッコッ……とキツツキのように連打する子どもが見られます。これも力を使っている割には，釘が木材に入っていきません。槌の重さを利用して打つことができるよう，柄を持つ位置などを丁寧に教えることが必要です。慣れないうちは，釘を支える指先を打つのではないかという恐怖心もあるので，釘の支え方や指を離すタイミングなども伝えるとよいでしょう。

＊指を金槌で強く打ってしまうと，これをきっかけに金槌を使うことを怖がってしまう子もいますので，十分な配慮が必要です。けがをさせないことが大前提であり，それを防ぐための指導は十分に，かつ毅然とした態度で行わなければなりません。木の工作用の用具に限らず，けがをした場合は必ずその日のうちに保護者へ連絡することも忘れてはなりません。

エピソード７　電動糸鋸

電動糸鋸を初めて使うとき，子どもたちは，わくわくしながらも，実は心配な思いの方が強く，どきどきしています。「のこぎりなら自分の速さで，切ったり，止めたりすることができる。でも，電気で動くから……」と，電動というだけで，子どもにとっては大きなチャレンジとなります。使い方を指導する際には，どのようなときに，けがをするのか，つまり，それさえしなければ，けがをしないということも伝えたいものです。学習当初は，１人でスイッチを入れたり，切ったりすることを難しいと感じる子が多くいます。慣れるまでは，友達にスイッチ操作を頼んでもよいことを伝えるだけで，安心感を持つことができます。徐々に１人でできるようになり，自分の成長を実感していきます。糸鋸や電動糸鋸の画期的な点は，板材の真ん中に穴を開ける表現ができることです。木でパズルをつくったり，自分だけの収納ケースをつくったりできるようになります。機械の台数が少なくても，順番に交替し合ってつくっていこうと声をかけるようにします。上達するにつれ，待ち時間は少なくなります。

エピソード８　粘土

小学校では，土粘土や紙粘土はよく使われる材料です。粘土は触っていてとても心地良いものです。だからずっとこねていたくなります。「何つくろうかな」「どんな形にしようかな」と思考をめぐらす子どもたち。その手は，こねこねーこねこねー，にぎにぎーにぎにぎー。「分かるよ，気持ちいいもんね……」。しかし，教師側には，管理と指導が必要な場面となります。握り続けていると体温と気温で，表面が乾いてパサパサになり，硬くなっていくからです。乾燥が進めば，望みの形がつくりづらくなります。最近はいろいろな特性を持った粘土がありますから，題材や子どもの実態に応じて，使用する粘土を選ぶとよいでしょう。

＊図工は，「手で考える」というように身体の感覚を大事にする教科です。ですから，粘土を握りながら思考することはとても重要な行為とも言えます。手で触ることで，想像力が掻き立てられるからです。指導の一つとして粘土の特徴を知らせるとともに，粘土によっては事前にタオルを濡らすなど，乾燥を防ぐための準備をさせておきましょう。学校や子どもの実態，題材時間数に応じて，保管の仕方も工夫します。

（３）鑑賞活動で子どものユニークな気づきや解釈に出会う，それは先生の嬉しい驚き

低学年は，自分や友達の作品を見ることが基本ですが，美術作品と出会うことができないかというとそうではありません。鑑賞での子どもの気づきや感じ方はとてもユニークで，びっくりするような発言があります。作品の解釈が難しいのではないかと勝手に大人が思っている

だけで，大人の想像を超えて，子どもは鋭く，深く作品を見ることができます。子どもの素直で豊かな感性に，教師は意表を突かれた嬉しい驚きとともに，子どもの素晴らしさにあらためて気づかされます。学習指導要領では，「我が国や諸外国の親しみのある美術作品」の鑑賞は，第５学年および第６学年で実施することになっていますが，この授業研究では試行的にエピソード１～２は低学年，エピソード３は中学年での鑑賞を実施した事例です。

エピソード１　美術作品との出会い

〈2 年生〉ピカソの《泣く女》

○《泣く女》の鑑賞　その１

この作品に描かれている女性は，ピカソの恋人だったドラマールです。描かれた顔を見ると，彼女の様々な動きが表されていることがわかります。

「今日は，大人の人が描いた絵と出会いましょう。どんな作品かな」と言って，ピカソの作品《泣く女》を見せました。そして，「ドラマールさんという女の人が描かれています。ドラマールさんは，何をしているのかな。気づいたことをお話してみましょう」と子どもたちに問いかけました。

〔子どもの発言〕

S１:「泣いているよ」
S２:「涙がスプーンみたいに描いてあるから，（涙が）こぼれそうなんだよ」
S３:「鼻をかんでる。涙が出ると鼻水も出るよ」
S４:「ハンカチも噛んでるよ」
S５:「なんでハンカチ噛んでるのかな？」
S６:「そりゃ，くやしいからよ」
S７:「そうそう。くやしいとイーッてなる」
S５:「くやしいと，どうしてハンカチ噛むの？」
S７:「ぼくにはわかるよ。弟が生まれて，お母さんがいつも弟のところに行っちゃう。ぼくは，悔しくて悲しくなって，ふとんのカバーを噛んだことあるもん」
S８:「そういえば，わたしもある」
S９:「そうとう悲しんだなあ。どうして悲しいんだろう」……

描かれているドラマールさんの動きから，様々な感情を想像し読み取っていきます。この学習の場合は，作品名を伝えないまま始めます。なぜなら「泣く女」と伝えた時点で，泣いていることが分かってしまいます。伝えないことで，何をしているか探ろうとしますから，作品に表されている色や形などの造形要素をもとに想像力を働かせ，考えを深めていくことが期待できます。子どもはなんとなく思いついたのではなく，ピカソの描き方，色，形などから一生懸命考えていきます。学習の終盤に「ピカソさんは，泣いたときの様子（動き）を全部一つの顔に描いちゃったんだ」という子どもの発言がありました。ピカソ特有の表現を子どもなりの言葉でのまとめが出てきたときには，教師だからこそ経験できる嬉しい驚きがあります。

○《泣く女》の鑑賞　その2

《泣く女》を鑑賞する前に，ピカソの《マリーテレーズの肖像》という作品を鑑賞しました。モデルになっているマリーテレーズは，ピカソの恋人です。ここでは恋人なんて解説はしません。具体的な情報は，子どものイメージを限定してしまう可能性があるからです。しかし，優しい表情と鮮やかな色合いで描かれていると感じた子どもたちから「ピカソさんは，マリーさんが大好きなんじゃないのかな」と作者の気持ちを察する意見が出ました。マリーテレーズの表情と《泣く女》のドラマールの表情の違いから，「ドラマールさんはピカソさんから，さようならって言われたのかもしれないよ」という発言があり，これに多くの子どもたちが賛同しました。そして，次のような話し合いが生まれました。

〔子どもの発言〕

S 1：「ピカソはひどいと思います」

S/T （みんなで）：「なんで？」

S 1：「だって，さよならって言って泣かしたのは，ピカソさんでしょう。私がドラマールさんなら，泣いているところなんて絶対描かれたくない」

S 2：「そうそう」

S 3：「笑ってるところを描いてほしいな」

S 4：「なんで泣かしてしまった人を描いたのだろう？」……

○《泣く女》の鑑賞　その3

〔子どもの発言〕

T：「気づいたことをお話しましょう」

S 1：「ドラマールさんって，きれいな飾りのついた帽子をかぶってるよね。これ，きっと私の方がきれいよって言ってるんだよ」

S 2：「分かるわー」とうなずく子。

S 3：「なんで？」……ざわざわと感想が広がります。

S 2：「だって，きれいな自分を見てほしいと思う」

S 4：「きれいって言葉は，嬉しい言葉だよ」

このように子どもの発言には，自分の生活の中で味わった感情がよく出てきます。作品と自分の生活体験をつなぎながら作品を読み解いていることがわかります。

◎子どもの考えや思いなどをワークシートに書くことの大切さ

鑑賞の学習では，自分の感じたことや友達の発言から気づいたことをワークシートに書くなど振り返りを大事にします。振り返りを書くことで，自分の作品に対する感じ方を整理することができます。また，学びの記録となりますから，評価に活用することもできます。振り返りは，子どもたちがどのような学びをしたのか，作品のどのような要素に着目し，心を動かされたのかなど，授業改善の観点からも様々なことを教師に教えてくれます。

鑑賞のワークシートには，ときどき「どきっ」とするような感想が書かれることがあります。《泣く女》の鑑賞後の振り返りで，ある女の子が，自分の考えたことや友達から気づかされたことなどを書き，次のような一文で締めくくっていました。

S：「あい（愛）って，いつかは，こわれるものなんですね」

7歳の子どもにこんなことを言われたら，びっくりしてしまいます。低学年であってもすでに思春期に近い感情や感覚を持っている子どももおり，心の発達段階も様々です。友達の発言をきっかけにして，知らなかった感情や心の動きに気づいたり，自分の感じ方を深めたりすることができます。作品の神髄に迫りながら，いろいろな思いを学級全体に伝えられることが鑑賞の授業の意義になると思います。

ピカソの作品は，キュビズムという一見難しい表現ですが，子どもは抵抗なく，作品と向き合います。どっちを見ているのかよく分からないといった不思議さと図形的な描き方は，子どもを作品の世界へとスムーズにいざなってくれます。「子どもがすごい」のか，「ピカソがすごい」のか……「どちらもすごい」のではないでしょうか。美術作品との出会いとして，ピカソの作品はとても効果的であると思います。子どものユニークで素直な考えや感じ方を引き出してくれますし，子どもに鑑賞する楽しさや面白さを感じさせてくれるからです。

エピソード2　技法の鑑賞

どの形も色の点を打って表現し，目の中で混色して鑑賞する絵画を点描法の絵画と言います。スーラという作家が著名ですが，スーラと交流し，優れた点描法の絵画を描いた作家にシニャックがいます。新印象派という言葉で呼ばれ，無審査で誰でも展示されるアンデパンダン展を初めてパリで開催しました。シニャックの作品を2年生と鑑賞した授業場面です。

〔子どもの発言〕

〈2年生〉　シニャックの点描作品

S1：「こんなにいっぱいの点々，めんどうなのに，よく描いたなあ」

S2：「たいへんだったと思う。どうやって描いたのかな」

S3：「分かった。割りばしを割って，10本くらいまとめたのを両手に持って描くと，いっぺんにたくさんの点々ができる」

S1：「なるほど。そりゃ，いいね。便利だね」

S4：「ところで，シニャックさんって割りばしで，ご飯食べてたの？」

S5：「もう！　ナイスつっこみ！」

S6：「近くから見ると，いろんな色が分かるけど，離れてみると，ぼかしてあるみたいな色に見えるよ」（この発言を聞いて，作品を教室の後方から見ようと動き出す）

S7：「ほんとだ。空がとくに好き。私の好きな色」

S8：「いい感じの絵だな」

この作品で表された点は，角の取れた長方形のような形に見えます。ですから，割りばしという発想が出てきたと思われます。スーラの《グランド・ジャット島の日曜日の午後》という作品では，実際の画面の大きさ（207.6㎝× 308㎝）を伝えることでも作者の作品にかける思いを想像させることができます。「点描＝たいへん」というだけの認識ではなく，そこまでして作者が表したかったことや伝えたかったことなど，作者の思いを織り交ぜながら鑑賞することもできます。

エピソード３　日本の絵画の鑑賞

中学年の鑑賞は，低学年と同様に自分や友達の作品を鑑賞することを基本としますが，「身近な美術作品」と学習指導要領解説図画工作編に示されているように，少しずつ鑑賞する作品も広がっていきます。水墨画や屏風絵などを鑑賞対象とすることは，この年齢の子どもには難しいと思われるかもしれません。しかし，そのような心配をする必要がないほど，子どもたちは多彩に作品を読み解いてしまいます。

〈3年生〉　長谷川等伯《松林図屏風》。総本山智積院（京都）所蔵です。長谷川等伯は，金箔を背景に使い，様々な色を配置した絢爛豪華な屏風絵（久蔵《桜図》等伯《楓図》）を描きます。息子である久蔵が夭折し，等伯は色彩表現を使わない明度だけの《松林図屏風》を表現します。２クラスで授業をしたのですが，興味深かったことは，最初の印象が真逆だったにもかかわらず同じ結論に至ったことです。

〔子どもの発言〕

〈A組〉

S１：「先生，この作品はすばらしいです」

T：「どうして，そう思うの？」

S１：「だって，松の葉っぱのとげとげの感じがよく分かるからです」

T：「ということは，松が描いてあるってこと？」……

〈B組〉

S１：「先生，この絵はいけないと思います」

T：「どうして，そう思うの？」

S１：「だって，先生は一番伝えたいことをよく分かるように描こうって言ってる。でも等伯さんの絵は，かすれて，ぼけてて，はっきり描いてありません」

S２：「これって，松を描いているのかな？　それとも杉かなあ？」……

S３：「どうして，はっきり描かなかったんだろう」

子どもの鑑賞は，国宝へのダメ出しもあります。大人は，「こんなこと言えない」と思ってしまいますし，開かれたストレートな意見には興味がそそられます。ストレートな意見が出ると，その意見を起点にさらに考えが進んでいく予感がします。

話し合いを進める中で，この絵が霧につつまれた松林であること，一番描きたかったことは，霧であることを子どもたちは見つけていきました。

〔子どもの発言〕

S１：「おじいちゃんと朝５時ごろ海に行って松林（防砂林）を歩いたことがある。そしたら霧が出ててこの絵と同じ感じで，向こうがちょっとしか見えなかった」

S２：「薄く描いてある松があるから，見えないけど，ほんとは松がいっぱい生えている気がする。もしかして，松林なんじゃない？」

S３：「等伯さんは，松林をぼかして描いたんじゃなくて，霧が描きたかったんじゃないかな。松林を描きたかったら，もっとはっきり，いっぱい描くはずだよ」

S４：「霧が出るとひんやりするんだよ。この絵も少し寒そうに思える」

S５：「じゃあ，温度（気温）も伝えたかったんじゃないかな。」

鑑賞は，子ども自身の日常生活での体験が気づきの根拠になったり，あっけらかんとした遠慮のない解釈が投げられたりもします。

この授業では国宝であることを伝えていません。「国宝＝すばらしい作品」と価値づけてしまうことで，思ったことが言いづらくなり，子どもの素直な気づきが出てこなくなってしまうからです。また，作品名も伝えていません。「松林」ということが分かってしまうと描かれているものや作者の工夫について考えなくなってしまいます。この授業では，授業のまとめの段階で，国宝であることと作品名を伝えました。

鑑賞の授業においては，伝える必要のない情報や思考の弊害になる情報をうっかりと与えない厳密さが大切です。鑑賞の場合，話し合いを深めるために，教師の説明において何が必要で，何が必要ないか，また，話し合いのどの段階で作品情報を伝えるかなどの工夫が重要だと考えます。

子どもに鑑賞させる作品の選択に当たっては，学習目標と子どもの実態をもとにしなければなりません。この作品がいいと思っても単にその教師の好みだけかもしれません。つまり，教師の鑑賞させたい好みの作品と，目標達成に適した作品とは異なる場合があるということです。目標を念頭に，「〇〇に気づくかな」「〇〇に気づいてほしいな」と子どもの反応予想をしながら作品を選ぶことが重要です。そして，授業においては，子どもの作品も大人の作品も，教師と子どもがともに考え合うことで，学びのよい機会に出会えるように思われます。

鑑賞は，友達の感じ方を知ることで多様な感性に触れたり，様々な表現技法や構図の工夫などに気づいたりすることで，自分の表現に生かすことにもつながります。また，鑑賞は子どもの発言あっての活動になるので，クラスに何でも言える雰囲気があるのか，特定の子の意見に流されていないかなど，学級経営の状態も分かってしまう面白いところがあります。

（妻藤純子）

Ⅳ

木の工作３年生「くぎうち トントン」の授業研究

指導者　T1　愛野良治　T2　倉﨑 葵

キーコンセプト

●子どもの発想力と構想力を高める授業　●形態の変化に気づく　●先生が，形態が変化する基礎的見方を抽出し提示する

学習指導要領では，３年生から木の工作に取り組みます。

この「くぎうち トントン」の授業研究は，子どもたちにより良い図画工作科の授業をとどけることを目指したティーム・ティーチングの取り組みです。子どもの発想力や構想力を高める木の材料体験の時間を設定して，実感のある総合的な造形体験として学べるように工夫してみました。この工夫により，子どもが授業の過程を経る中で，自分のイメージ世界や造形的な見方を深め，自分がつくりたいと思うものを少しずつ見いだしていく学習の実現を目指しました。この分析では，各学習段階で検討した点と子どもの反応を取り上げていきたいと考えます。

1	日時	○○○○年 12 月　第２・３校時（本時）に実施
2	学年・組	第３学年　２組 30 名
3	場所	３階ホール
4	題材名	「くぎうち トントン」（全６時間）
		材料体験 （木の材料体験活動）・・・・・・・・・・・・・・１時間
		ためしにくぎを打つ活動・・・・・・・・・・・・・・・・・１時間
		つくる活動・・・・・・・・・・・・・・・・・・・・・・・・４時間

【題材について】

子どもにとって「釘を打つ」という行為は，とても魅力的な経験です。先生からこの言葉「今回の図工では，『釘を打つ』学習をするよ」と話されると，「やってみたいな」「やったことがないから不安だな」といった反応が返ってくるだろうと考えました。槌（金槌・木槌）という道具も初めて手にするでしょうし，釘や木という材料も本時で初めて本格的に扱う材料です。

図１　児童作品「おもしろふでばこ」: クギの上に鉛筆をのせる

図２　児童作品「夢のクリスマスツリー」

本題材は，この木，釘そして道具としての金槌の３つを，初めて経験させてくれる魅力的な題材であると言えるでしょう。

さて，まず１個の木片だけを見てみると，それは四角かったり丸っぽかったりする形態を有しているだけです。ところが，その１個の木片に１本の釘を打ち込むことによって，大きく形態や空間を変化させてくれたり，新たな線や色を加えてくれたりします（図１・２参照）。

その変化が子どもに，様々なイメージを持たせてくれます。さらにもう１本，釘を打ち込んで，その変化を見てみると，さらに形態の変化や空間の変化が生まれてくるし，さらなるイメージを持たせてくれます。その形態や空間の変化がもたらすイメージ世界の変化を楽しみながら，次第に自分がつくってみたい世界へといざなわれ，私がつくりたい私の世界を表現して

目標と内容の３観点	本授業の目標
「知識及び技能」	・自分の感覚や行為を通して，木に釘を打つことから生まれる形態や空間の変化に気づくこと。 ・「くぎうち トントン」の造形活動を通して，身近な「木や木片」，「釘」などの材料および金槌という道具に十分に慣れるとともに，手や体全体の感覚などを働かせ，新たな形や空間，色をつくる活動を工夫してつくること。
「思考力・判断力・表現力等」	・木片に釘を打ち込むことによって起きる形態や空間の変化や色の変化などによって見えてくる新たなイメージを自分のイメージとしてとらえること。 ・自己のイメージとしてとらえたものをもとに，自分の感覚や空間を生かして，つくりたいものを考えること。  ・木片に釘を打ち込む活動を通して，身近な材料などの生み出す造形的な面白さや楽しさ，表したいこと，表し方などについて，感じ取ったり考えたりし，形態や空間の変化がもたらすことへの自分の見方や感じ方を広げること。
「学びに向かう力，人間性等」	・木片と釘の組み合わせによって生まれる形態や空間の変化など，材料や道具と関わる喜びを味わうこと。 ・形態や色の変化がもたらすイメージ変化の連続性を楽しむとともに，そこから生まれてくるつくりたいものをつくる活動を通して，新しい自分なりの見方からつくることの楽しさを生活にいかしていこうとする態度を養うこと。 

いく活動と言えるでしょう。

【くぎうち トントン,「木の材料体験の時間」―発想力や構想力を豊かにする「形態の変化」や「イメージ世界」の体験活動―】

本題材「くぎうち トントン」の工作の指導を行う前に，木片を使った「木の材料体験の時間」を実施しました。本校の図工室や音楽室のある３階ホールに，地域の方からの協力で手に入れることができた木片などの材料を持ち込みました。子どもたちの数は30人ですから，材料を８つほどの木片の山にし，４人で１つの山を使える程度に配置しました。

授業のはじめに,「今日はこの木を使って勉強するよ」と言うと，子どもたちは目をキラキラと輝かせ,「これで何をするのかな」と，興味が前面に出た顔をしています。

黒板に，題材名「つないだり　かさねたり　見つめたり」と板書し，子どもたちに，木片を「つないだり，重ねたりしてみて，見えてくる形を楽しもう」と，めあてを設定し，紹介しました。最初から作品をつくることを伝えるのではなく，すべての子どもが楽しんで活動できることを目指します。もちろん学習のめあてを提示する前に,「１個の木片の上に１個，もう１個」と，木片を次々に重ねて見せます。そして,「何だろうね」と問いかけると子どもたちの中から「タワーかな」「ビル」「スカイツリーにも見える」といった声が聞こえてきます。「先生は，ただ木をとって，重ねただけです。でも，皆さんは，この積み上げられたものをいろいろに想像してくれました。そういうふうに，つないだり，重ねたりしながら見えてくる形や，こうしてみようと新しく付け加えながらできてくる形を楽しんでほしいのです」と伝えました。

図３　つなげていって，できる形。ワクワクして広がる発想

発想や経験を広げるだけの「つないだりする」活動は，造形遊びの活動と言われています。１年生では，落ち葉，砂場の砂をカップなどに押しつけてつくった塊を何個も並べたり，ペットボトルのキャップや紙コップを並べたりする活動をします。

図４　Ｔ字のような高さとつながりのある形

この「木の材料体験の時間」では，子どもが伸び伸びと発想を温める段階として，既習の造形遊びの要素や手法を取り入れました。この時間を設けることによって自分が表現したい主題を決める機会を増やしていければと考えたので

す。ただ，低学年と異なるのは，材料である木が，厚みがあり，重みもあります。形もそれぞれ違い，置くとすくっと立つなど，かなり存在感があるものもあります。これらの木々を材料に使い，子どもが一人で，「つないだり，重ねたり」の活動を行ったり，友達と力を合わせて活動をするなど，まず手が動くままにやってみて，さらに広げていくという活動になっていってよいと考えました。そうすることによって，一人ひとりの子どもの思いや友達との連携からつくられるユニークな空間や形態が生み出される活動にしていきたいと考えたのです。できあがる造形は，一人ではできないような大きな規模のものになることも予想されます。子ども同士の活動が響き合って，そこから新たな発想が生まれ，思わぬ展開を迎える可能性もあると考えました。

図５　できあがってきた円形の造形イメージ世界

さて，実際に活動が始まります。子どもたちは，グループが編成されたわけではありませんが，８つほどに配置された材料の山に向かって，移動し，手を伸ばし，木片を引っ張り出していきます。「うわー，この木，面白い形してる」とか，「ねえ，〇〇君，見て見て」とか言いながら，手に取った木片を，積み重ねたり，つなげたりしていきます。そして，時折，動きが止まり，じっと見つめたり，自分が置いてみた木の塊の周りをぐるぐる回りながら，見まわしたりします。また，重ねたり，つなげたりするスピードもゆっくりだったり，速くなったりします。そして，自分がつなげたり重ねたりしている形と，友達が同じようにやってきた形とが結び付けられると，つながりを持った一つの作品とも呼べるような，悠々とした形や空間になっていきました。

また，できあがっていく世界は，子どもたちの言語イメージにも刺激を与えます。図３の男の子は，最初できあがっているものを「新幹線だ」「大きな船だ」と喜んで話しながらつくっていましたが，「つながる」「つながる」，「これってつながっていくね」と，声を掛け合いながらつくっていました。そして，２人は「大きな秘密基地ができた」と喜んでいました。

図５の２人の子どもは，円形状のものをつくりあげていきますが，この円形状のものは「お城」となり，２人はこの城にとらわれているというストーリーへと発展していきます。２人はそのお話をとてもうれしそうに話してくれました。先生であるわたしは，「そうね，２人ともかわいそうに」とニコニコしながら，うなずき，木片をさらに手渡すのです。実はこの活動の最中，先生の仕事は，できあがっていくものやイメージ世界への共感的な理解と，不足しつつある子どもたちへの材料である木片の補充が中心になります。

本活動を行ったことによって，子どもたちは，大きく２つのことをつかんだと思います。

①すべての子どもが，自分の思いで関わり参加できたこと

１つ目は，あらゆる子どもが，「木の材料体験の時間」の活動に主体的に参加できたことで

す。子どもたちは，一人ひとりが行為することを通して自分なりの思いを，思い思いに発揮し，自己のイメージ世界をつくりあげました。その「ならべたり，つないだり，重ねたり，積んだり」する活動や「見つめたりする（鑑賞する）」活動は，幼児期段階では，積み木遊びとして経験してきたものですが，子どもたちがつくりあげたものは，大人の世界でも建築や町づくりに見られるような大きな空間に関わる感性活動と言ってもよいものでした。子どもは，自分達で発展させることができたと実感できるものとなりました。

②学習活動（学びの過程）から，最初にとらえたイメージを超えていけること

２つ目は，ただの木片をつないだり，重ねたりすることによって，形態や空間が変化していきます。するとその変化した形態や空間を見たある子は，これは「新幹線だ」と言い，またある子は「船だよ」と言う。またある子は「いやそれ以外の何かに見える」というつぶやきとして，そのときの自分が持っているイメージを口にしています。ところがその一方では「つないだり」「重ねたり」してできあがっていく「かたち」や「もの」は，動的に広がっていく姿になって，さらに子どもたちの目の前に立ち現れてくるのです。そうすると，最初に子どもが持ったイメージがすべてではなく，その子が木と関わったり，友達のイメージと関わったりしていく中で発展していく，可能性のイメージとして受け止められたと言えるでしょう。さらに，見えてくるイメージは，「人によって違う」ということやそれを「つなげていける」ということをお互いに理解し合うこともできます。

図６　できあがった子どもたちのイメージ世界

「木の材料体験の時間」の活動は，本学級の子どもたちが初めて経験した学習でした。それは，低学年で学んだことを繰り返し取り上げると，とても新鮮な新しい姿での「学びなおし」ができたと言えると思います。そしてその学びの基盤が，「くぎうち トントン」の活動の方向性をしっかりと出してくれました。

＊知識　「踏まえている学習指導要領の造形遊びの活動」

１・２年生の造形遊びは，「並べたり，ついないだり，積んだりするなど，手や体全体の感覚などを働かせ，活動を工夫してつくること」と示してあります。３・４年生では「前学年までの材料や用具についての経験を生かし」とされ，さらに「組み合わせたり，切ってつないだり，形を変えたりする」とされています。低学年の共通事項の「いろいろな形や色，触った感じなどを捉えること」は，必要に応じて，その後の学年で繰り返し取り上げることとされています。（指導計画の作成と内容の取扱い２，（２））

【くぎうち トントン：釘打ちで生まれる，形態の変化に気づかせる（導入）】

前時の「木の材料体験の時間」によって，子どもたちは，木と木をつないだり，重ねたりす

ることによって，形態が変化することに気づきました。「くぎうち トントン」の導入段階では，釘打ちの行為により，独特な形態の変化が生まれることに気づかせることを仕組んでみます。まず，子どもたちを教師用の机の周りに集めます。そして，小さな木片を，机の上に置き，見せるのです。当然子どもたちの反応は起きません。むしろ先生は何を言いたいのだろうと不思議に思うでしょう。ただの木の塊（ブロック）としか言いようがないわけですから。

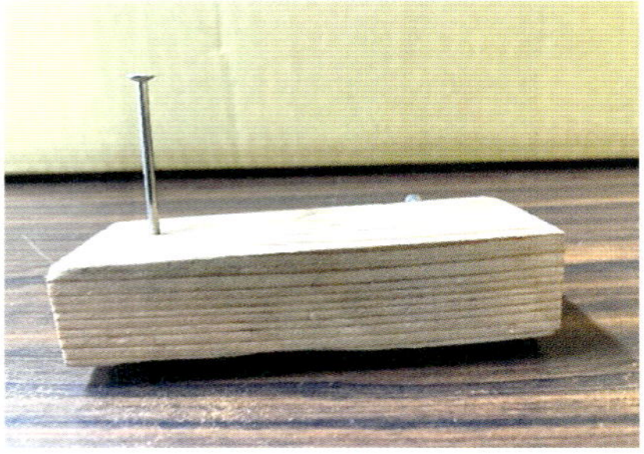

図７　釘がうたれた木片（子どもの意向で１本うつと）

そこで私は，「今日は，この木のブロックに，釘を１本，打ってみます。さて，どこに打とうかな。○○さん，あなただったらどこに打つ？」と言って，目の前にいた子どもに，打つ場所を決めてもらいます。ここも大事です。先生が決めないで，子どもが決めるということがとても大きな効果を生み出します。私は，その子が指定してくれた場所に，１本の釘を途中まで打ちます。その結果，図７のように木片に，ただ釘が打たれただけの木片ができあがりました。これだけでは子どもたちの反応はまったくありません。

図８　滑り台への変化（反転してみると）

ところが，図８のように置いて見せたとたん，子どもたちの口から「滑り台」という言葉が一斉に，それも「はっきり」と発せられ，みんなの耳にもしっかりと届きました。つまり，釘が１本打たれただけなのですが，置き方が変わると，形態や空間が変化し，「私には，それが滑り台」に見えたということです。

図９　浮いた木片（もう１本うって２本にすると）

「なるほど，１本の釘を打つだけで，大きく形が変わったし，見え方も変わりました。では，もう１本，打ってみよう。今度は□□さん，あなただったら，どこにうちますか？」と尋ね，別の子に打つ場所を決めてもらいます。そしてそこに打ったのが図９の木片です。木片は，浮き上がり，まるで足を持ったかのように見えてきました。さらにこの木片は，転がすと，ころころと転がるようになりました。ただの四角い木片だったときには，

図 10　児童作品　「ケーキと私のペットたち」

ありえなかった「動く」ということさえ起きるようになったのです。

たった２本の釘を打つだけで，これほどまでに形態が変化し，そして動きまで持つことができるようになりました。子どもたちに，「一度，自分もやってみたい」「もっと釘を打ったらどうなるのだろう」という気持ちが沸き起こりました。また，子どもたちは，先生が意図的に選んだ場所に釘を打ったのではなく，自分たちの友達が指定した場所に打ったのに，大きく形態を変えたことや動きまで身につけたことに，がぜん関心と意欲が高まった様子でした。そこで，自分が気に入った木片に，気に入った長さの釘を試しに打つことから活動を展開していきました。

教室は，「トントン　トントン」とリズミカルな音の大合奏になりました。少しずつでも的確な一打一打が，しっかりした成果に結び付いていく。元気にやっていこう。材料や用具が，小気味よい音で子どもたちを励ましてくれているようです。

図 11　試しに置く

【くぎうち トントン：組み合わせてできあがる作品に】

「木の材料体験の時間」を行った結果，子どもたちは，つないだり，重ねたりすることによって，形態が変化することを学びました。さらに，向きを変えたりすることによって，見えてくるイメージが変化することも学びました。そして本時では，次のめあてをもとに学習に取り組むことになります。そのめあてとは，「木と木を組み合わせ，くぎをトントンうって，夢のかたちをつくろう」というものです。本時では，木と木を「組み合わせ」た作品づくりをしようというのです。もちろん，「木と木」の組み合わせだけではなく「木」と「くぎ」の組み合わせも，大きく形態や空間の変化をもたらしてくれます。置き方，見方を変えるとまったく別の世界になっていくのです。そのことはこのめあての提示の前に，導入でつかむことができています。そしてその「木片とくぎ_ の組み合わせで作品を仕上げたのが，児童作品「おもしろふでばこ」（図 1）という作品をつくったS１さんです。

本作品をつくったS１さんは，１本の木片に釘を次々に打ち込んでいきます。S１さんは，木と釘の「組み合わせ」を試しながら，そこに「鉛筆と消しゴム」を置いてみました（図 11）。するとS１さんは，このただ木に釘が打たれたものが「ふでばこ」に見えたのです。

図 12　万力を使って釘を打つ

ここに今まで見たこともないような造形感のある「わたしのゆめのふでばこ」のイメージが固まり，「おもしろふでばこ」という作品名としてできあがったのです。

木片 1 つでは，このようなイメージを持つことはありませんし，1 本の釘からイメージすることもできないでしょう。しかし，様々な経験をして，自分なりのイメージを持つことの楽しさに触れ，さらに「組み合わせる」ことによって，形態や空間が変化し，さらにその変化は私の「イメージの変化」をもたらしてくれた結果，彼女はできあがったオブジェとしか言いようがないこの作品を「ふでばこ」と言い表したのです。

【くぎうち トントン：組み合わせと向きを変えると違って見える作品に】

組み合わせて作品ができあがっていくだけでなく，見る向きを変えると，多様なものや形態が見えてくるという効果は，子どもたちに素晴らしいイメージ世界を広げてくれます。本題材の「導入」では，木片に 1 本の釘が打たれました。そして 1 本の釘が打たれた木片は，見方を変えると，「滑り台」という言葉を子どもたちの口から引き出しました。この「見方を変えると違ったもの」に見えてくるという効果は，つくりたいものができあがった段階でも，その力を発揮しました。その代表例が図 13，14 の作品です。この作品をつくりあげたのは，S 2 さんです。

授業中，私は，子どもたちの支援のために教室の中を歩いて回ります。ちょうどS 2 さんがつくっているところに差しかかり，S 2 さんに，「できてきているね」と，声をかけました。すると，S 2 さんは，ニコニコした笑顔で作品を説明してくれます。S 2 さんは「まずこちらから見てください」と言うと，図 13 の向きで作品を見せてくれました。木の塊に細長い木が延びているユニークな形に見えます。「なるほど」と言うと，S 2 さんは，作品の向きを 180 度変えて，本体に付けられた両端の木の部分を横向きから縦向きに変えて見せてくれました。そこには，命を吹き込まれたかのように，足でスクッと立ち上がろうとしたカブトガニのような，長いしっぽのある生物が登場したのです（図 14）。S 2 さんが名付けた作品名は，「不思議な生き物」です。この作品は，作品としては「1 つ」なのですが，2 つに見

図 13　途中経過，一方から見たところ——長い材料がボリュームのある構造に上手く接続できている

図 14「釘を打って，不思議な生き物」へと完成していった

える作品なのです。この作品は，「見方を変えると面白い」という，１個の木片に１本の釘を打つことによって学んだことや，この授業の体験で学んだことすべてを生かしてできあがった作品と言えるでしょう。

またＳ２さんは，興味深い話をしてくれました。今回の一連の活動で，「組み合わせる」ことによって，「形態が変化する」ことと，その組み合わせたものが，「違った形や印象を与える」ことを学んだＳ２さんは，本時の導入段階で，先生が１個の木片に，１本の釘を打ち，みんなが「滑り台」と叫んだときに，「自分は，１つの作品で，向きを変えたら違うものに見えるもの」をつくろうと決めたと言うのです。つまりＳ２さんは，最初から１つの作品を２つの違ったイメージを与えるものとしてとらえられるものにしていくというイメージ世界を持ったということです。私たち教師は，子どもがつくりたいものは１つであり，そのイメージ世界は変わったりしないと思いがちですが，そうではないのです。Ｓ２さんのように１つの作品に「２つのイメージ」を持たせるということを学ぶこともありうるのだということをはっきりと先生である私も学ぶことができました。

【重要な準備活動　材料を集め・活動場所を確保する】

本題材は，主に木片を使いますが，様々な大きさや形態の木片を準備しておきたいものです。

今回は，本校区にある建具屋さんにお世話になりました。これまで作品を展示するために作品の土台となる展示板をつくってもらったこともあります。

建具屋さんの仕事は，障子や襖《ふすま》，ドア，家具などをつくるのが仕事です。したがって，これらの物をつくっていく過程で，使用されない木片が生まれてきます。それを提供していただきました。図のようにコンテナに入れ，軽トラック１台分をいただきました。今回は，大工さんからいただいた少し大きめな木片まで準備できました。

また，釘に関してもその長さに着目し，何種類かの

図15　活動を可能にする広い空間

図16（左），17（右）　色々な大きさの木片

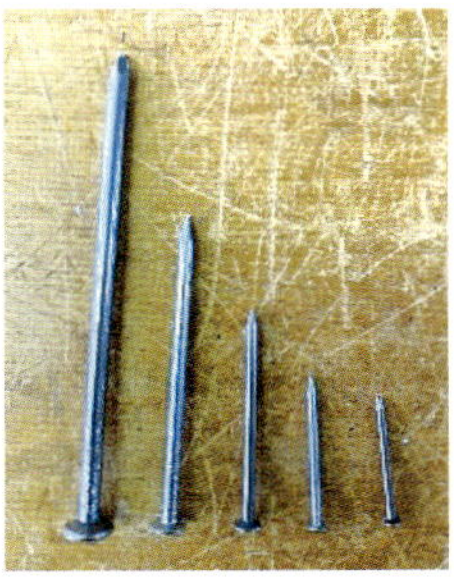

図18　５種類の釘

サイズの釘を準備し，使えるようにしておきたいものです。

さらに，これだけの木片を広げ，子どもたちが伸び伸びと活動できる広さもとても重要です。十分活動できる広い空間として，体育館やオープンスペース，多目的ホールなども有効な場所となるでしょう。

■調べてみよう！

（1）げんのう，道具の形

（2）のこぎり，子どもに使いやすいのこぎり（小型，思いのまま軽快に切れる）

（3）電動糸鋸の刃の形，つけ方

（4）万力，工作物を固定する道具。釘が打たれると机の上では打ちにくくなるため，動かないように挟み込み，固定し，釘を打つことができる。

（愛野良治）

V

子どもの学習をつかむための題材および教材研究

キーコンセプト

●ダイナミックに大きく変化する空間での造形遊び　●対象や事象を捉え，自分の感覚や行為を通して，気付き発想する　●身体行為やシンボルから生まれる線や形　●自立的な鑑賞主体者の育成

1　「造形遊び」の教材研究（作品にしない活動）
—実感をもって感じて活動し，自分たちで活動を工夫して広げていく学習—

(1) 広い大きな空間体験，「キラキラ ふわふわ—風や空気をつかまえよう！—」

この題材は，子どもたちが風をつかまえる活動です。風や空気は目に見えません。子どもたちは，地球環境（巨大空間）にエネルギッシュに存在する事物・事象をいかにとらえるでしょうか。体で感じ，活動しながら考えさせる学習なのです。これまでの図画工作の立体の授業は，狭い机上空間で活動してきました。今日のアートが必要とされる表現空間は，建物空間，街空間，アミューズメント空間，都市及び河川空間，自然環境・地球環境など，一層大きくなってきています。今後は，子どもの身体よりも大きなボリュームやマッス（空間的量塊，面で構成された立体認識），力の働き，形や大きさを変えていく風や空気のダイナミックス等を学んでいく必要があるでしょう。図画工作科の授業というと，眼の前の限られた空間に固定された空間理解がつきまといます。形も大きさも変化する姿を大いに楽しみたいものです。

材料は，面材として，ポリエチレンシート（規格:（厚み）0.01mm ×（幅）900mm ×（長さ）100m，ダブル 1500 円程度）を 1 枚あたり 300 ～330cm に切り，これを使います。ダブルとは真ん中で 2 つ折りになっていて，広げて使います。子どもに渡しやすく，「広げて使いなさい」と言うとそれにも興味がわきます。塗装用養生シートという名称でホームセンターで販売されています。線の材料としては，ポリエチレンテープ（テープ幅 50mm，通称スズランテープなど）を使います。どこにでも手に入るメリットがあります。大きな野外空間に，線と面でアプローチします。

Let's try 1　広げる活動

最初の活動は，シートを肩の高さで広げる活動です（図 1）。それをゆっくりと見ましょう。

図 1　シートを広げる

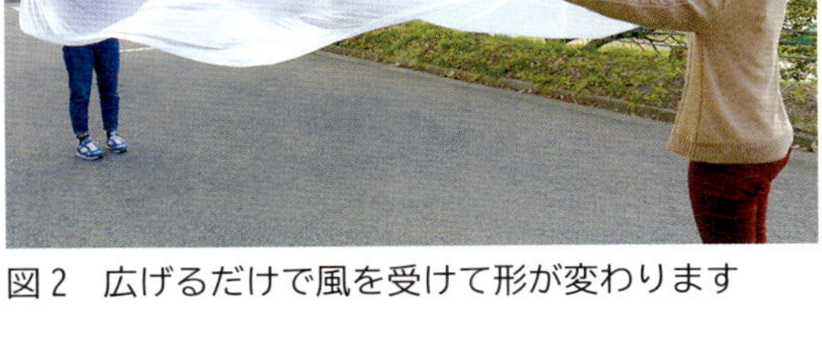

図 2　広げるだけで風を受けて形が変わります

薄くて軽いシートなので，じっとしていても広げるだけで風の動きや力を受けて形が変わっていきます（図２）。手を少し動かすと風を受けて波が伝わっていきます。

Let’s try 2　広げるー（そのまま）下げてー（そのまま）上げてー（そのまま）ゆっくり，相手の方に近づく活動

Let’s try 1 の状態から基本動作「下げてー上げてー近づいて」をします。手は広げたままをキープします。そして，ゆっくりと下げてー上げてとしましょう。空気が負圧で取り込まれ，そのまま近づくと，大きな空気がつかまえられます。大きな量がつかまりそうになったら，広げていた手を自分の中心に寄せてくると球体に近い形態になります。

子どもたちは動きたくなりますが，教材研究では大人は，緊張を解いてリラックスして，基本動作「下げてー上げてー近づいて」，そして手を体の中心に持ってくるという静かな活動をしてみましょう。心が落ち着くと色々な物が見えてきます。この活動は，風や空気がつくってくれる巨大な彫刻を運動場を美術館として鑑賞するような活動なのです。この風と空気の彫刻は，ペアの２人しか知らない不思議体験です。

図３　下げる

図４　上げる

図５（左），図６（中），図７（右）下げて－上げて－近づいて の事例（すべて１年生）

Let’s try 3　手を上に上げ，ポリエチレンテープをピンと張ってから近づく活動

次は，ポリエチレンテープです。これもペア学習で取り組みます。腕を頭より高く上げます。そしてピンと張ります。前進するとひもが緩められ，直線が曲線に変わっていきます。俵屋宗達の《風神雷神図屏風》に出てくる舞い上がる衣やひもをイメージしてテープを見てみましょう。ひもは，Ｃの字やＳの字の形になります。

風がほんの少しテープを持ち上げます。風や空気をつかまえる活動なので，少しの変化も心でつかまえにいくようにします。「あっ，少し風が来た！」という感じです。腕を高く上げて，両者が近づいて緩めるを繰り返して待ち受けていると，図８や図 10 のように凧のように高く舞い上がります。低くなったら，お互いが近づきます。すると風に反応してくれます。「どうすればいいだろう」と思いながら活動しましょう。子どもが，学習で考える一番大切な場面となります（図 11）。

図８　Ｃの字型

図９　Ｓの字型

図 10　高く上がったＣの字型

Let's try １～３は，大きな空間に心と体が開かれていく活動です。体と心が一体となって，風のダイナミックな流れや空間の大きな存在，そこに生まれる形の面白さに各自の思いで気づいていきます。

図 11　風に反応する

Let's try ４　振り返り活動

①感想を書きます。（振り返りシート）

②班で話し合います。

２「絵や立体，工作に表す」の教材研究（作品にする活動）

（１）ボールペンスケッチ―身近な用具で，好きなことや大切なことをとらえよう―

まずは，手の練習（心でも感じて線を引く）をします。

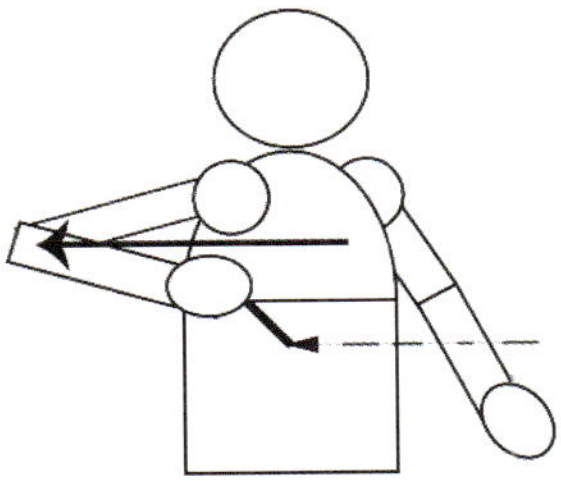

Let's try １　体全体で肘から直線を引く

直線を引く手の練習をします。字を書くようにボールペンを持ちます。紙に書かず，腕のフォーム練習です。肘を机についたままだと，肘を中心点にして，ワイパーが動くように円弧しか書けません。肘を肩の高さまで上げて，腕はクの字になるまで，肘を引くように体全体で引きます。10 回腕を動かし引いてみましょう。

Let's try ２　円状のぐるぐる描き（早い線を描こう）

Ｂ４の紙を準備します。10 秒間ボールペンで，ぐるぐるの早い線を描きます。Let's try １での体いっぱいを使った線を大切にしましょう。

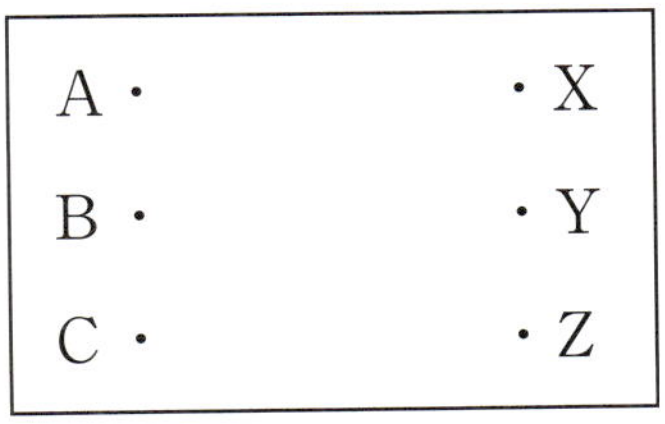

Let's try ３　平行線を引こう！

ＡからＸへ引きます。Ａにペンを置いたら手元を見ません。Ｘをしっかりにらんで，Ｘを通過しても構いませんから線を引きましょう。

２つ目は，Ｘで止まります。Ａ→Ｘ，Ｂ→Ｙ，Ｃ→Ｚをしましょう。慣れてきたら，Ａ→Ｘの 2mm下に平行線を引いてみましょう。そのほかも同じです。体全体で引く心がけを忘れないで下さい。

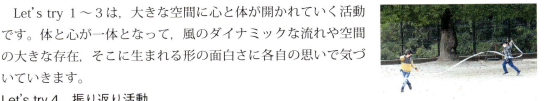

Let’s try 4　試してみよう！　ベーシカルな表現方法

①ハッチング（hatching：英）：平行に線を引く技法です。

絵画や図案などで一定の面を平行な線で埋める絵画技法です。面の存在を強調（意識）する方法です。面が複数集まると立体になります。

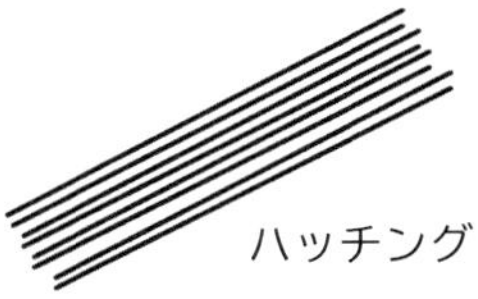

ハッチング

②クロスハッチング

クロスハッチングは，ハッチングをクロスの形に描いていく方法です。

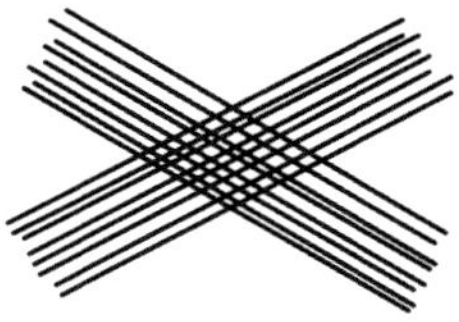

クロスハッチング

③長い方向に長い平行ハッチング（特徴をとらえて）

美術は，どこから描いても構いません。どこから描いたらよいか分からない場合，対象の特徴をよく表す例えば長手方向を先に描いて，細かいところを後でつけます。

大根，キュウリなど長い方向に

瓶など
牛乳パック

「近くの木々」作　児玉泰

④球体は，手前に曲線ハッチング

円周からはみ出さない
(円にそうように)

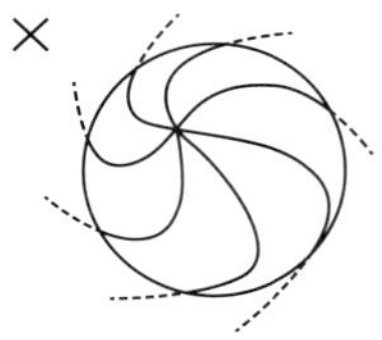

円周から出ている

球のような立体表現は，手前にも輪郭があります。その輪郭線は円周の外にはみ出ません。円周に沿わせましょう。

▶枠の中に，自分で考えた形で⑤と⑥を描いてみよう

自分だけのてんてん描き・レレレ描き　　トーンコントロール

⑤面の表現技法，てんてん描き・レレレ描き（任意の形が面をつくります）

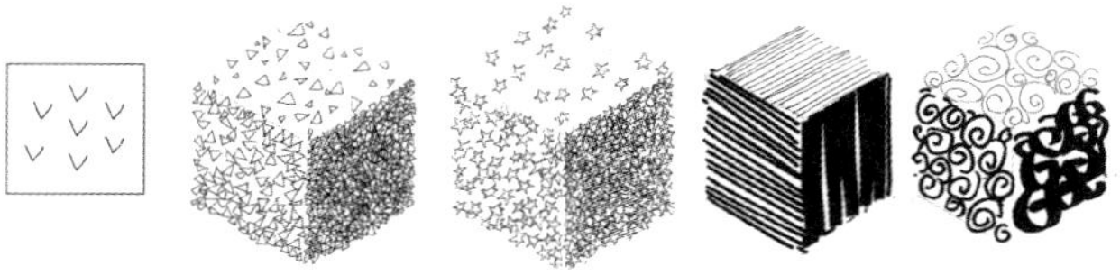

⑥トーンコントロール

明るいところを残して，周りを暗くする絵画技法です。「トーン（英：tone）」とは調子のことです。

トーンコントロール　作 田村一二

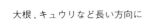

話しています　クロスハッチング

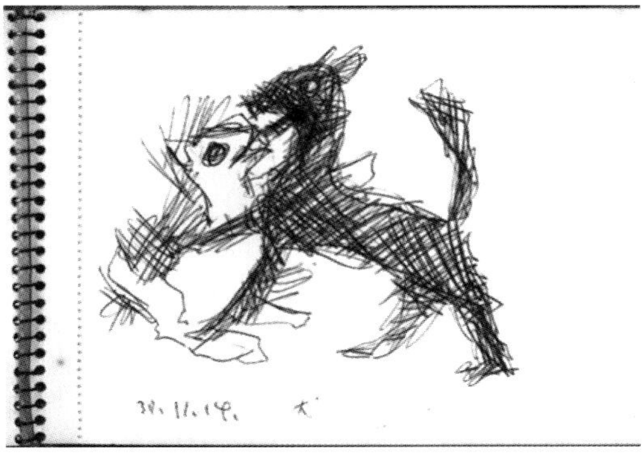

遊んでいる２匹の犬　クロスハッチング・トーンコントロール

立体感のある白い雲　トーンコントロール

面の技法（てんてん描き・レレレ描き）

巨大な船を小さなスケッチブックに　長い方向に平行ハッチング

人物の素晴らしさをスケッチブックに
背中の豊かな丸み　船や，人物の衣類
クロスハッチング

上のスケッチは田村一二作です。
障がい児（者）教育を進めながら，子どもの姿や人の姿の素晴らしいところを身近な画材（ボールペン）で描いておられます。絵は，巨大空間を 17 × 12cm 程度の小さなスケッチブックに描かれています。

（2）イニシャルが動き出す

Let’s try 1　自分のイニシャルをいろんな形に変換してみます。下の場合はイニシャルがRの方の形の発想の研究です。ディテールを変えると，違った世界になってきます。

（村田利裕）

3　鑑賞

（1）　鑑賞の目的

受け身な鑑賞者でなく，自立的な鑑賞主体者を育てるのが鑑賞教育の目的です。子どもだけでなく，教師自身も感性を呼び起こし，自分の価値観も豊かに育てていく機会を持ちたいものです。

表現と鑑賞とを往還しながら感受性を磨き，価値観をつくりながら，豊かな感性的イメージ生活者として，新鮮な心で生きていくことを目指したいものです。また，グローバル化された社会で，いかにわが国および諸外国，地域などの文化と向き合っていくかも問われています。岡本太郎は，『今日の芸術』（光文社，1999 年）で，「自分のつねに固まってしまう見方を切りすて切りすて，めげずに，むしろ相手をのり越えていくという，積極的な心がまえで見なければ，ほんとうの鑑賞はできません。けっこう，わかったつもりでいても，新しい芸術創造は，さらにさきにつき進んでいたりします。つまり，創造と鑑賞は永遠の追っかけっこです。

この驀進《ばくしん》のなかに芸術と，その鑑賞の価値があるので，とどまって固定的に理解されるものではないです」（p. 45）とします。また，「見ることは，創ることでもある」の章で，「鑑賞——味わうということは，実は価値を創造することそのもの」（p. 118）と見ているのです。さらに，「自分自身の，人間形成，精神の確立です。自分自身をつくっているのです」（p. 119）としています。

様々な意見はあるにせよ，鑑賞は，子どもの価値世界を育成するのに大切な学習と言えるでしょう。

図１　《モナ・リザ（ジョコンダ）》（レオナルド・ダ・ヴィンチ作，ルーブル美術館蔵）

①「謎を秘める」，それは美術作品の共通点

かなり知られている作品でも，何度見ても理解できない不思議な部分を残しています。右絵は，レオナルド・ダ・ビンチの「モナ・リザ」です（図１）。世界で最も著名な美術作品の一つです。一度細部も見てみましょう。画面を９分割したのが図２です。エリア１は，岩場の多い山岳地帯です。エリア２は，女性の頭部です。エリア３は，川の源流域を描いています。遠くにあるものは，空気遠近法で，遠方の対象物がぼやけて見えたり色彩遠近法で色が薄くなってくるのですが，かなり背景が克明であることに気づきます。美しい女性像を描くのが目的ならば，背景を塗りつぶしてしまうことも考えられます。エリア４，６には，石柱の下部が見えています（矢印）。この女性は，ベランダで腕を組んで（エリア８）座っているのです。一番不思議なのは，エリア６つまり，この女性の美しい肩の部分に，まさに優美さを極めなければいけないところに無骨にも石の橋が架かっているのです（図３拡大図）。「あれ？」っとなります。この混在している状況をレオナルドほどの画家が，何気なく描いたとは考えられません。美術作品は，何度見てもすべて分かったと言えない，どこか常に謎めいたところが残るのです。実は，子どもの作品も同様です。驚くほど工夫して描かれているものです。われわれは，見たら分かるといちべつした第一印象で判断しがちです。しかし美術鑑賞も，一度細部をしっかり見て，それをもとにもう一度全体像を見直すなどの過程を経て，とらえていく工夫が必要なのです。

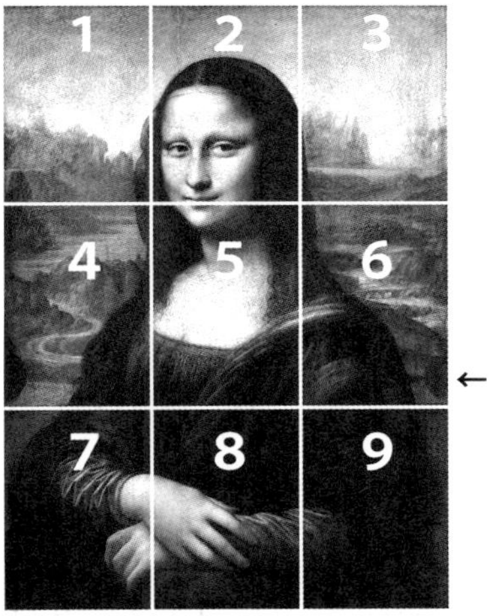

図２　９分割分析用エリア表示

図３　６の位置を拡大，橋の表現

（2）鑑賞の方法

大きく２つの鑑賞法を試みます。①は，見るだけではなく，触ったり，何かアクションを行って鑑賞する方法です。②は，作品を準備して鑑賞します。

①身近に鑑賞の機会あり

Let's try 1　地肌コレクション法――感じる体験を積み重ねて――

Ｂ４の上質紙を用意します。紙を色々なところに当てて，鉛筆でこすってみると，ザラザラやゴワゴワなど色々な形の地肌が転写されます（フロッタージュ）。紙一面，地肌をコレクションしてみましょう。班で，どのようなコレクションができたか紹介します。美術館や博物館の場合もコレクションした作品を通して，設立の趣旨を明確にします。

面白い形が色々なところに潜んでいます。ここにあるのではないかと考えながら，あちらこちらから「面白い形見つけ」をしてみましょう。見つけたコレクションを紹介しあいましょう。

Let's try２　体験鑑賞法　触って感じて，使って感じて

手の中で感じる鑑賞法です。まず，食器や茶器ですが，両手の中で器を受けて，水やお茶などが入っていると思って，こぼれない程度を考えて傾けながらぐるっと回してみます。あたかも器が話してくるように，バランスの実態が手の中に伝わってきます。また，器を使ったと思って手にしたり，実際に使うことができたら，一層その物の良さが分かります。

木や葉っぱなど自然の材料も触ると様子が分かります。ただ，毛虫の毛が残っているかもしれませんので，ブロアーなどで飛ばしてから触りましょう。

②美術作品の世界を鑑賞する

次は，美術作品を見て鑑賞します。画集などを用意して，４人班で行いましょう。活動しながら鑑賞します。様々な方法があります。試してみましょう。

Let's try３　吹き出し表現による気づき・質問法

作品を見て，作品への気づきや質問を出していきます。作者が目の前にいると思って気づきや質問を考えます。存命ではない制作者へも歴史を越えて質問してみます。まずＡ４の紙に，作品のラフスケッチをします。絵に吹き出しを使って，どこの部分から気づきや質問をしているのか書きます。教育現場では作品のコピーに書き込ませましょう。それを班で発表します。

Let's try４　対話型鑑賞法

次に班で，作品についてトークします。どこから話してもかまいません。班の人と話します。引き出し役（キュレーター）をつくって，呼び水の働きをしたり，話が一層活発になるように仕掛けていったりする方法もあります。

Let's try５「隠された絵の秘密」（イマジネーションを発揮して鑑賞する態度を養う。ストーリーテリング法）

「隠された絵の秘密」をしましょう。４人程度の班で，絵を見ていきます。最初の指導言は，

次の通りです。

「絵は，こっそりとあなただけに絵の秘密を打ち明けます。提示した作品を見て，あなただったらどんな絵だと紹介してみたいですか？　あなたの独自の説を，予想や推測の力を十分使って書いてみましょう。好きなところだけ見るのではなく，全体を見てみましょう。準備として，分析対象の絵を９分割して画面の中に描かれているものをそれぞれに１語以上の言葉で抽出します。すべて終わったら，それを元に自分の独自の説を書いてみます。どこにもない解釈でかまいません。あなただけしか考えつかないような独自の説を書いてみましょう。時間は，15 分間です。書き上がったら，交換して読んでみましょう」。

子どもに実施するときは，次のポイントも付け加えると活動が活発になります。

ポイント①は，自分自身の気づきや発見・感動などを大切にすること。②は，鑑賞するときの発想法を紹介することです。３つの発想法を紹介します。まずアは，「こうなるぞ発想法」です。「私が考えるとこうなる」ととらえ，独自の説を表明します。イは，「これは，何だろう発想法」です。これは，何だろう。どうなってるの，と疑問を持ちながら見ていくようにします。ウは，連想的発想法です。飛躍の必要はありません。「まずは，これに注目して，それから次に……」と考えを少しずつひも解いていくようにしましょう。

最初の指導言のあとで，絵を９分割法で９つに分け，それぞれのセルで最低１つは，描かれているものを取り上げます。１～９まですべて終わったら，自分だったらこのように紹介したいという考えを書きます。ストーリーテリングの力を出して，誰も考えられないような面白そうな案を提案しましょう。およそ 15 分で書きます。書けたら４人班で回し読みします。

マグリット（René François Ghislain Magritte, 1898－1967）《黄金伝説》（1956，95 × 129cm）の「隠された絵の秘密」で受講生Ａさんの事例をご紹介します。

ある日の明け方（午前４時半頃）古い城（誰も住んでいないお城）から奇妙な光景が見えました。
パンが，一定間隔を保って宙に浮いています。おっー。よーく見てみるとかたそうです。
これは，パンではありません。それはパンに見える石です。
いや，違う。石ではありません。
惑星です。パンに見える惑星だったのです。
天文学者は言います。「これはどういうわけだ。こんなことがあるわけがない。」
教師たちは言います。「これはどういうわけだ。歴史に残る重大な怪奇現象だ。」
天気予報士は言います。
「パンがとんでいる。いや惑星がとんでいる。今日の天気は，パンです。いやちがう惑星です。」
みんなは，天気予報士の言うことを信じません。
「天気が惑星なんてことがあるか。」
パンのような惑星たちは，北から南へ移動していきます。きっといつかあなたのまちにも。　　THE　END

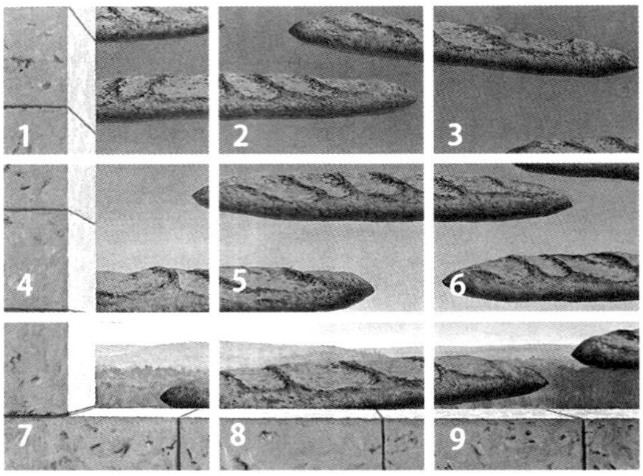

図４（左） 図５（右）《黄金伝説》（ルネ・マグリット作，個人蔵）

班の全員の「隠された絵の秘密」を読んでみます。作品は，鑑賞した人の心の中でその人の姿として生まれ変わります。４人班で４種類を読んでみると，各者各様の，解説では得られなかったリアリティが体験できます。

Let’s try 6　アートカードのゲーム手法

美術館や教科書会社などが，美術作品をカードにして扱いやすくした資料をアートカードと言います。ゲーム感覚で遊びます。マッチングゲームは，取り上げたカードの共通点などを言います。指摘が面白ければ拍手します。

（村田利裕）

（３）旅する鑑賞人―激動の時代に，自分らしく生きるために心を解き放ち，新鮮で自立的な感性を磨いていく鑑賞者をめざして―

様々な機会から，自己の感性の世界を自立的に広げ，成長を続けていく人を「旅する鑑賞人」と呼んでみたいと思います。旅は，マンネリ化された日常から人の心を解き放ち，停滞しがちな心を自由にしてくれます。旅には，生活場面を見直す身近な旅（ライフレベル）から，地域の良さを知っていく旅（ウォーキングレベル），わが国・諸外国への旅もあります。時空を越えて歴史の旅をすることもできます。身近な生活や地域などを自分の五感で感じたり（直接体験），調べ学習（調査研究）をして関わっていきましょう。

Let’s try 1　「私のお気に入り生活！」

自分自身の生活の中のお気に入りなものを発表します。形や色に注目し，班学習でスマホで撮影した資料をもとに紹介したり，どこが好きなのか，なぜ好きなのかを話してみましょう。

例：文房具（鉛筆・ペン・ハサミ・ペンケース）／ハンカチ／コップ・カップ・茶碗・スプーン・水筒／小物，フィ

ギュア，ケース，壁紙／携帯電話（スマートフォンなど），時計（スマートウォッチなど／着衣・ファッション・靴／家具（机・椅子）

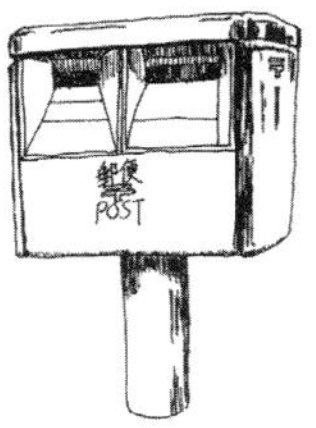

Let's try 2　「町は，美術館」

住んでいる町をゆっくりと歩いてみましょう。新しい目で見て感じます。そこには，日頃気づかなかった特徴や美しさがあります。あらゆる村や町に，人々の思想や生活実践などの歴史があります。人の住むところに実は思わぬ文化・伝統あり。それを班学習で紹介します。

例：建物（学校，駅，役所，病院，商業施設，サービス施設，展望台・タワー，橋・道・上下水道）／寺院（寺院の建築物を特に伽藍《がらん》と言います）／美術館・博物館・民族（俗）館，科学博物館，天文台／環境の彫刻・構造物／照明・ポスト・電柱・マンホール／プロダクトデザイン：自転車・電車・自動車・飛行機・船／日本の形式，日本瓦：万十瓦《まんじゅうがわら》・一文字瓦《いちもんじがわら》／切妻屋根《きりつまやね》・寄棟屋根《よせむねやね》・入母屋屋根《いりもややね》・方形《ほうぎょう》屋根《やた》，平入《ひらい》りと妻入《つまい》り

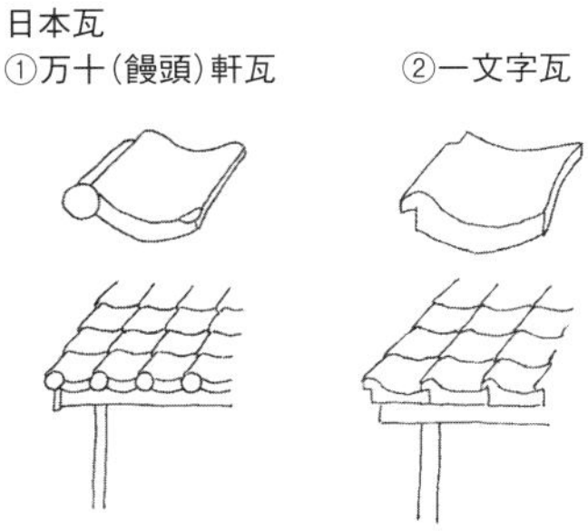

○子どものための美術館　浜田市世界こども美術館（島根県）

Let's try 3「たべる楽しさと感動は，文化の原動力」

工芸品には，生活の美意識が結集されています。日本食は有名ですが，どんな美意識に特色があるのでしょうか。工芸は，いかに食を支えていこうとしているのでしょうか。身近なうどん・そば・ラーメン・おでん・お好み焼きなどはどのように提供されているでしょうか。

例：北大路魯山人（きたおおじ ろさんじん）（画家・陶芸家・書道家・漆芸家・料理家・美食家など多彩な顔をもった芸術家）／波佐見焼《はさみやき》と有田焼《ありたやき》など日本の焼き物（食の陶磁器）の特色／柳宗悦（やなぎ むねよし）（民藝運動の父。民藝とは，民衆的工芸の略。生活の中で使うものを名も無き職人が質高く作り上げた民衆的工芸品のこと。例として沖縄の芭蕉布など多数。陶芸家の浜田庄司（はまだ しょうじ），河井寛次郎（かわい かんじろう）。文字の染色家の芹沢けい介（せりざわ けいすけ）（琉球びんがた））

Let's try 4「地域発見の旅」

身近に日本の良さを感じられるところをリサーチしたり，行ったりしてみましょう。

例：白川郷合掌造《しらかわごうがっしょうづく》り（世界遺産，岐阜県白川郷），神明造《しんめいづく》り（伊勢神宮）と大社造《たいしゃづく》り（出《いず》雲大社《もたいしゃ》），庭（池泉回遊式庭園《ちせんかいゆうしきていえん》：金閣寺，渉成園《しょうせいえん》（枳殻邸《きこくてい》，京都駅から徒歩 15 分），石庭（枯《かれ》山水《さんすい》：龍安寺《りょうあんじ》，大徳寺，光明院《こうみょういん》（オールオーバーな石庭），築山林泉庭園《ちくざんりんせんていえん》，坪庭 ）

例：鉄川与助（てつかわ よすけ）の長崎の教会建築，中井正清（なかい まさきよ）の城デザイン

○祭りも地域の文化：青森ねぶた祭り，秋田なまはげ，秋田角館《あきたかくのだて》祭りのやま行事，京都祇園祭，大阪岸和田だんじり祭，徳島阿波踊り，高知・よさこい祭り，福岡・博多どんたく，博多祇園山笠，長崎くんち等

◎比較してみよう→世界の庭：スペイン式（アルハンブラ宮殿など，イスラムの流れ，パティオ（中庭のこと，噴水，柑橘類などを植える）・イタリア式（カスケード（段々滝））・イギリス式（自然の景観美，コテージガーデン）・フランス式（平面幾何学式，カナール（大きな水路））・ドイツ式（菜園）などの特徴があります。

Let’s try 5　つくっている場所に足を運んで実際に見てみよう！　調べ学習にチャレンジ！

例：陶芸（手びねり，ろくろなど），木工芸（食の道具・家具づくりなど），織り・染色

○匠（たくみ）の見方　新潟県伝統的工芸品 16 品目プロモーションムービーなど。伝統的工芸品に関する法律ができました。

Let’s try 6　わが国の美術・文化遺産を学ぼう

ここでは，日本の桃山・江戸時代の絵画と彫刻家をピックアップして紹介しています。インターネットや図書館で調べて発表しましょう。

○絵画【安土桃山時代】・狩野永徳（かのう えいとく）《獅子図屏風《ししずびょうぶ》》狩野派の棟梁，安土城，大阪城などの障壁画を制作／・長谷川等伯（はせがわ とうはく）《楓図《かえでず》》（金碧障屏画《きんぺきしょうへいが》：金箔を貼った極彩色画），《松林図屏風《しょうりんずびょうぶ》》（水墨画），日本の水墨画を確立　【江戸時代】・俵屋宗達（たわらや そうたつ）《風神雷神図屏風《ふうじんらいじんずびょうぶ》》／・尾形光琳（おがた こうりん）《紅白梅図屏風《こうはくばいずびょうぶ》》《燕子花《かきつばた》図《ず》》／・菱川師宣（ひしかわ もろのぶ）《見返り美人図》（絹本着色）最初の浮世絵師／・鈴木春信（すずき はるのぶ）《夜の梅》浮世絵創始期の第一人者，六大浮世絵師の一人，錦絵《にしきえ》をはじめる／・喜多川歌麿（きたがわ うたまろ）《ポッピンを吹く女》大首絵《おおくびえ》（上半身アップの絵）／・伊藤若冲（いとう じゃくちゅう）《紫陽花双鶏図《あじさいそうけいず》》／・曾我蕭白（そが しょうはく）《雲龍図《うんりゅうず》》（165cm ×約 10m　水墨画の大作，ボストン美術館）／・円山応挙（まるやま おうきょ）《孔雀牡丹図《くじゃくぼたんず》》円山派の祖，写生を重視／・東洲斎写楽（とうしゅうさい しゃらく）《三世大谷鬼次《さんせいおおたにおにじ》の江戸兵衛《えどべえ》》，役者の大首絵，デフォルメを駆使／・葛飾北斎（かつしか ほくさい）《富嶽三十六景《ふがくさんじゅうろっけい》》／・歌川広重，安藤広重（あんどう ひろしげ）《東海道五十三次》（錦絵）

○彫刻（家）【奈良時代】東大寺《とうだいじ》《塑像日光仏《そぞうにっこうぶつ》・月光仏立像《がっこうぶつりゅうぞう》》《四天王像》／新薬師寺《しんやくしじ》《塑像《そぞう》十二神将立像《じゅうにしんしょうりゅうぞう》》【平安時代】平等院《鳳凰《ほうおう》》【鎌倉時代】運慶（うんけい）《木造金剛力士立《もくぞうこんごうりきしりゅう》像《ぞう》》（南大門）《木造無著《もくぞうむじゃく》・世親立像《せしんりゅうぞう》》《木造俊乗房重源上人坐像《もくぞうしゅんじょうぼうちょうげんしょうにんざぞう》》《木造八大童子立像《もくぞうはちだいどうじりゅうぞう》》（矜羯羅《こんがら》童子，制多迦《せいたか》童子，阿耨達《あのくた》童子），奈良仏師　【近現代】荻原守衛（おぎわら もりえ），朝倉文夫（あさくら ふみお），イザムノグチ（石彫家）など／現代美術家　岡本太郎（おかもと たろう）

○比較してみよう →【世界近現代】ベルニーニ（バロック）／ロダン，マイヨール，ブールデル，ジャン・アルプ，ジャコメッティなど

Let’s try 7　諸外国の美術・文化遺産を学ぼう！

例：アジアの美術文化：中国の三星堆遺跡，ミャンマーのバカン，カンボジアのアンコールワット，インドネシアのボルブドール，タイの仏教寺院，インドのタージマハル／メキシコの文化遺産：テオティワカン，エル・タヒン，ケツァルコアトル神殿，メキシコ自治大学シケイロスらのタイル壁面等

（村田利裕・塩見考次）

トピック２　小学校から高等学校までの感性の成長・発達
―表現空間の可能性―

キーコンセプト

●新たな関係を築き，新しい価値観を探る資質・能力の育成　●コラージュ，コンバイン・ペインティング　●自らの解釈力を高める　●絵の具の身体性　●よく見てそっくりに描きなさいの問題点　●絵画表現の可能性

めまぐるしく価値観が変わっていく複雑で変化の激しいこの現代社会において，固定された価値観にとらわれることなく，変化し続ける社会と新たな関係を築き，自分自身も常に変化しながら，それを実感して生きていくことができる力とは，どのようにして育まれるのでしょうか。

小学校中学校の義務教育課程，その後に続く高等学校において，美術教育はこれからの時代を生きる子どもの成長にどのように貢献できるのでしょうか。

ここでは，図画工作科における表現の学習内容のうち，絵に表す学習を例にとり，縦の発達を柱としてそこで生まれる資質・能力の成長について考えていきたいと思います。

1　子どもの感性の成長・発達と表現活動の可能性

（1）子どもの絵画空間の可能性１　低学年の表現空間
―感じたこと，想像したことをコラージュして，自分の作品空間をつくりあげていく―

過去には，低学年においても，ものを写実的に描かせる授業がなされてきました。「よく見てそっくりに描きなさい」というのが一般的な指導であり，上手・下手が基準となってきました。幼稚園や保育園，こども園などでは絵を描くのが好きだったのに，小学校に入ってから描くことが嫌いになってしまった子どもも多かったのではないでしょうか。今は，「見たこと」を描くことは，中学年で行う内容となり，低学年の子どもたちは，自分の「感じたこと，想像したこと」を中心に絵を描くようになっています。

また，ものをそっくりに器用に描いていくだけでなく，破いた紙を貼り，そこから絵にしていく学習などもありました。固定化された見方をリセットするため，子どもにそれが動物に見えたとしたら，それに近づけて絵を完成させるような指導が行われてきました。貼り付けた紙が象に見えた子どもは，欠けている鼻を描き加え，象を完成させようとします。しかしそれだけではせっかく感性によって違う世界の何かが見えたとしても，現実的なものに近づけるために不足する部分を付け加えることにしかなりません。「何にも見えない，破いた紙に見える」という子どももいたことでしょう。

そして指導の考え方も変化し，破いた紙も描画材料も同じ“材料”ととらえ，自分が思ったこと・考えたこと・イメージしたものを，コラージュの手法や描画材料を同時に用いることによって描いていく方法も取り入れられています。破いた紙をさらに貼り付けてもいいし，付け加えたくなったことを絵の中にどんどんコラージュしたり描いたり

できるのです。「手で上手に描きなさい」という指導から，「破いた紙の形の助けを借りて絵にしていきましょう」と変わり，今では，子どもは破いた形から刺激を受けて，それを主役に組み立ててもいいし，また，そこから得た印象を大切にして，それを起点に自分の考えたイメージや連想したことをどんどん描き加え，発展させて絵を描いていくことができるのです。破いた形から刺激を受けて，「まる」や「三角」など，「かたち」を画面に加えて絵を描くことを楽しむこともできるでしょう。最初からできあがりの姿が見えていて，それをひたすら技能を駆使して描いていくという必要はないのです。「コラージュ」については，美術界では1950年代にアメリカのロバート・ラウシェンバーグ（Robert Rauschenberg，1925－2008）らの「コンバイン・ペインティング（Combine painting)」と呼ばれる作品制作にもその関連が見出せます。絵の具や版画などの画材だけでなく，シーツやキルトのカバーといった生活品や立体物も使い，2次元と3次元の材料を組み合わせて作品にする手法は，「イメージ」と「物質」を等価値に扱うことで，絵画におけるイメージの新しい価値観を探りました。中高学年から中等教育，さらには大人になっても「コラージュ」という方法からの学びは，表現を考える大切な切り口となります。絵に意識的もしくは無意識的に実物を貼り付けたり，それに「描く」や「塗る」といった行為も加えて作品をつくり出すことを学ぶということは，とても価値のある経験となるのではないでしょうか。

（2）子どもの絵画空間の可能性２　中学年の表現空間

造形表現において，「何をいかに感じるか」というステップは，感性を豊かに育むための最初のスタートであり，何よりもまず大切な時間です。それは表現の土台とも言える“感性” を大きく成長させてくれるからです。

低学年の「感じたこと，想像したこと」に加えて，中学年で「見たことから表したいことを見つける」が取り上げられます。

子どもが目の前に置かれた野菜やリンゴなど，あるいは，運動会で活躍する自分や友達の姿など，実際に見たことや経験したことを絵に表します。

リンゴを描くとき，子どもたちは視覚を駆使し，様々な角度から観察するでしょう。色，形，光り方……目の前の物体から受ける視覚的な印象を，絵の具を使って紙に定着していきます。しかしそのとき，子どもたちの中にあるのは，今そこにある野菜やリンゴから得る情報のみではありません。子どもたちが持つそれらのものの記憶――それは視覚にとどまらず，五感に関わる記憶を呼び覚まし，追体験をしているのです。眺めるだけではなく，触ってみたらどうでしょう。ずっしりとした重さ，つるつる，ざらざらとした手触り，そして青野菜の匂いやリンゴの甘酸っぱい香り……さらに，葉をちぎったり，リンゴをナイフで切って一片を口に入れたときの瑞々しさや果汁たっぷりの味，鮮やかだったその切り口の色が時間の経過とともに変化していく様を見ること……このとき感性のアンテナは最大限にその刺激を受け取り，五感すべてで目の前の物を感じていることでしょう。それはなんとはなく見るという傍観者の見方を超えて，自然を，世界を自らのものとして感じることに他なりません。

充分に，野菜やリンゴなどの存在を感じることができてこそ，それは後に続く表現活動の動機（モチーフ）となり得るのです。そうやって形成された感性の土台の上では，身近なものや自然だけではなく，異世界のものや未知のものへの興味，さらには自分とは異なるものへのリスペクトが生まれ，深い意味での自分自身への尊重の気持ちへとつながることでしょう。

見る経験から自らが得た知識や経験を，記憶の引き出しに記号化して片づけてしまうのではなく，その時々に常に新鮮な驚きや直感力，洞察力をもって世界を感じ取り，想像力をもって自分自身を形づくっていくことへとつながっていくのです。

このような感性の働きをもって事物・事象を描くとき，それはただ単に事物・事象を紙の上に再現しているのではなく，もうひとつ別の世界――事物・事象のあるイメージの世界――を創造していると言えます。今，自分が存在している現実の世界と同時に存在する，もうひとつの絵画の世界です。その世界は自由なイメージの空間でもあります。その空間に入り込み，その世界の中でしかできない様々な出来事を体験することができるのです。絵を描くという行為は，イメージの世界と現実の世界を往き来する行為でもあります。この２つの世界の往来を重ねることによって，さらにイメージを読み解く力を身につけ，新たな視線を持ち得るきっかけとなり，それこそが現実の世界においても新しい世界の見方を手に入れる力へとつながっていきます。

（3）子どもの絵画空間の可能性３　高学年で高まる「伝え合いたいこと」でつくられる表現空間

「伝え合いたいこと」は，高学年の大切な学習内容です。誕生日や記念日の心のこもったメッセージカードや学校のイベントのポスター制作など，デザイン的な要素の作品が考えられます。絵はイラストとしても有効であることを実感するでしょう。

高学年になってくると，文章では充分に表現することができない自分の考えやおもいを絵に託して表したいという気持ちが強くなることもあるでしょう。絵は様々な事象や，果てしなくスケールの大きなイメージをも凝縮して表すことができます。絵によって世界を駆けめぐることもできるのです。大きな世界の表現は，一気に描こうとしてもできないことかもしれません。回を重ね，自分の手の中で事実を積み重ねていく集中力と粘り強さが必要です。高学年になると，目の前のものを自らの解釈力を充分に使って表現したいという欲求が多くの子どもに起こることでしょう。またこの頃になると自己や個性が強く意識されるようになり，一人ひとりが持つ「個」の世界を表現しようとしたときには感性の力が基盤となります。インターネットをツールとして用いることも可能な現代では，それもまた子どもにとって「個」の世界を表現する可能性の一つとなることでしょう。

2　感性の成長を支援する描画材料と文化環境—絵本，ブックデザイン，地域の文化環境，インターネットでの美術・工芸情報など—

（1）描画材料

子どもたちにとって，描画材料との出会いもまた，感性を刺激し，生き生きとした表現力を発揮する上で大きなきっかけの一つとなり得ます。水彩絵の具をチューブからひねり出し，水と混ぜてそのまま筆でぽたぽたと画用紙に落としていきます。その絵の具が滲んでいく様子を観察する行為そのものや，絵の具によって色のついた物質との遊びの中で，その変化に立ち会うことに熱中します。何かを紙の上に再現するためではなく，純粋に絵の具の持つ豊かな発色に心を躍らせ，自らの筆や手による線の伸びやかさに爽快感を感じ，紙の優しい手触りや，水を含んだときに見せる変化そのものを味わっているのです。自分の手によって生み出される紙の上での様々な出来事に驚き，熱中していきます。これは自らが関わることによって初めて感じられる，絵の具の「身体性」，心が理解した「物質性」です。

幼少期を過ぎ，中学生や高校生になり，水彩絵の具が新鮮なものでなくなったとしても，絵を描く行為には常に新しいものとの出会いや新鮮な経験が待っています。例えば描画材料との出会いの中でも，「油絵の具」との出会いは，子どもたちに強烈な印象を刻むはずです。高い粘性や発色の強さ，独特の匂いに加え，強い皮膜を形成することによって塗り重ねることができるという特性や，乾燥時間に余裕があることで描き手に創意工夫する時間が与えられ，表現の幅が生まれること，また油絵の具が，水分の蒸発ではなく酸化重合による化学変化によって乾燥するということに，生徒たちは知的好奇心を刺激されることでしょう。描画材料の生み出す現象の不思議さに興味を持ち，美術の授業以外から得た知識と絵画が結び付くことを実感するのです。材料の特性によってイメージが表象される過程を経験することは，アートと科学が結び付き，生活と結び付く瞬間に立ち会うことであるとも言えます。それは子どもたちが成長する中で得た知識や経験によって，一人ひとり個別のものであり，そういった個々の感性がさらに個性を育むことになるでしょう。このように絵を描くという行為は，新しい描画材料や素材に接する経験に限らず，常に新鮮な驚きと発見をもたらす可能性を持っています。

やがていつしか興奮は冷め，新鮮であった描画材料も，ただ絵画空間を創造するための材料，道具となっていくでしょう。思い通りに描くことが適わず絵画に苦手意識を持ったり，学齢期を過ぎて描く機会や興味を失う子どもがいるかもしれません。しかしそれは決して成長するにつれて感性がやせていくということではありません。美術と触れる時間，感性を育てる新しい出会いの場が適切に子どもたちに用意されることによって，生涯にわたって美術を身近なものにすることができるのです。

（2） 絵本，ブックデザイン，地域の文化環境，インターネットでの美術・工芸情報など

図画工作や美術と触れる時間，感性を育てる新しい出会いの場が適切に子どもたちに用意されることによって，生涯にわたって美術を身近に感じ，その子自身が生き生きした感性を働かすことに自信が持てるようになります。絵本やブックデザインは，読書の機会を増やす活動がされている小学校において，子どもたちの身近な美術とふれあう機会となっています。開いただけで子どもたちを別世界に連れていってくれる夢の世界。月に行ったことがなかった時代に，すでに絵本では宇宙旅行が描かれました。また創出されたキャラクターたちは，空を飛び，悪者から助けてくれます。地球環境のみならず，ともすれば国の成り立ちすら破壊するかもしれない……そんな大人たちが作り出した現実の社会の中で，大人のレベルに合わせるだけでは解決策が展望できません。格段のイメージする力を成長させることが，人の未来を救うかもしれないのです。

地域の文化環境を訪ねる機会において，新鮮な経験や未知なるものと出会うことがあります。このとき美術や工芸との新しい関係が生まれ，つくった人や作品に込められた思い・精神に深いリスペクトが生じることでしょう。

3　絵の表現とディスカッションによる相互理解の必要性

子どもたちは各々の世界に没頭しながら，あるいは他者とディスカッションを繰り広げながら，生き生きと楽しんで表現活動をしていきます。話し合うことは励まし合う機会にもなり，また，新しい関係をつくることにおいてのみ学ぶことのできる知的な体験を与えてくれることにもつながります。

高等学校における事例ではありますが，ディスカッションにおける相互理解の例としてひとつの授業を紹介します。この授業では「現代美術」を鑑賞し，実際に制作を行いました。多くの生徒たちは，そこで初めて「現代美術」としての絵画について知ることになりました。はじめは参考作品を鑑賞し作品の解説を聞いても，なかなかこれを美術と理解するのは難しいようでした。彼らにとって“美術” とは，“美しい（きれいな）” ものであり，“美しさ” とはすべて時代や地域を越えて普遍性を持つと思っているからです。ところが実際に作品制作に取り組む場面になると，生徒たちは驚くほど自然に現代美術的視点に興味を持ち，積極的に洞察を深めながら，新しい表現活動に没頭することになったのです。

「存在するものと描かれたものの差異」をテーマに，平面上に描かれたパンとバルサ材で作られたまったく同じ形状のパンが並んでいる作品を制作した生徒は，「目に見えるという意味で，描かれた２次元のパンと立体である３次元のパンにはどのような違いがあるのか，見る人はその違いをどう受け止めるのかを知りたい」と言いました。また別の生徒は「“声” という目に見えないものを視覚化し，目に見える作品にする」というテーマ

のもとに，「見えるがそこにないもの」「あるがそこには見えないもの」を表現しようとする中で，聴覚，嗅覚，味覚，触覚を絵画にするとどうなるのかということに思いをめぐらせ，「現象は認識という意味で人の内側につくられる」という考えに至りました。この他，表面を全面白く塗りつぶした板材に，もう一度元々の板材の木目をそっくりそのまま描写するという作品もありました。白い画用紙やキャンバスではなく，板材の上に再び元の板目を描写するという行為を，この生徒は大変気に入っていました。

生徒たちは授業の中で，今回の経験を，自らテーマを見つけ出しそれを他者と交換し合うという「知的なゲーム」ととらえ，さらには美術とはこのようなものだと決めつけていた自分の中の“きまり”をもう一度見直し，広い視野で“美しさ”の基準をつくるための新しい「ルール作り」であることを意識しながら，ディスカッションに熱中していました。そしてそのディスカッションの中で，他者の作品に対してもまた，そのルールやテーマを読み解くということの興味深さに気づいていくのです。

視覚から得られる情報を手がかりに，「知」を刺激し深める行為として現代美術に触れることは，彼らにとって新たな価値観に触れる経験となりました。新しい世界の見方を獲得し，自分が固定された価値観の中にいるのではなく，変化し続ける世界と新たな関係を築いていく可能性を感じたことでしょう。

これまで述べてきたように，造形表現活動というのは，成長・発展する子どもの心が，様々なものや事象，新しい考え方と出会うことから始まります。それは未知なるものへの興味であり，それらを観察し分析しながら受け入れていく活動へとつながっていきます。その出会いを受容する感性は一人ひとり異なっています。そして次に創造する活動（行為）が生まれます。生き生きとした豊かな発想や，経験や知識を用いて思考すること，試行錯誤する行動力，協力し探究する力も必要となります。さらにそうして生まれた成果（作品）を見つめる時間が生まれます。例えばその作品が空間に置かれることによってどのように見え方が変化するのか，作品が置かれた空間が「場」としてどのように変容することになるのか，あるいはどのように外側に働きかけることができるのかなど，見ることによってもまた新たな作品との対話が生まれます。そして，その作品が他者にとってはどのように見えるのか，あるいは他者の表現や感性を受け入れ共感することができたか，さらには目の前にある作品だけでなく経験の総体を眺め，他者とともに鑑賞することによってもまた，様々なものを共感する時間と空間が生まれることでしょう。

学校教育において，感性を育てる教育が必要であることは言うまでもありません。その感性を育む教育には，子どもの発達の連続性を理解した“教育の一貫性”が不可欠です。教師はその“一貫性”の意味を常に意識する必要があるのではないでしょうか。その時々のその子どもに応じた，一人ひとりにとっての“新しさ”との出会いが，美術教育の場で用意されるということが何より大切です。感性を刺激するような出会いを，小学校から高等学校にわたるまで一貫して美術教育の場でつくる（用意する）ことこそが，子どもの感性の発達を育みます。教師は，図画工作や美術教育が子どもの生活そのものや今後の生き方に大きく影響を与えるということを強く意識し，そういった視点を持ちながら，恒常的にその“場”や“機会”を用意し，子どもと一緒に感じ共感し合える“伴走者”となるべきであると思います。

図画工作や美術の持つ大きく豊かな世界に触れ，しなやかで柔軟な“感性”を育むこと，そして美術が提示する「知」やそれを超える新しい世界の見方や考え方を知ることは，多様な価値観の中で自ら答えを模索しながら生きていく力が求められる現代において，子どもたちが個々に人生を創造し，これからの世界の新しい意味，価値観を作り出すための大きな力となることでしょう。

（上岡真志）

Ⅵ

図画工作科での創造的・感性的授業の特色ある指導法

キーコンセプト

●子どもの思いや考え，感じ方を受けとめるスキルアップ　●活動提案力・コミュニケーション力のアップ　●創造的なフィールド理解と子どもと共に学ぶ楽しみ方　●教室を超えた教育力（異年齢，地域）

1　子どもの思いを受け止める教科のカウンセリングマインド（傾聴の５技法）

（1）子どもの感性（思い・考え・感じ方）を受け止める指導スキルの向上を目指して

図画工作科で子どもの自己表現を支援しようとすると，子どもの思ったこと考えたこと感じたことなどを受け止め，取り上げてくれる先生が必要です。子どもの内面的な世界観や感性を豊かに成長させるためには，その子に話をしてもらうことが大切です。一方的に先生のさせたい表現をさせたり，先生が見せたい美術を鑑賞させるのではなく，素朴でもよいので，その子の一言，その子の思いのトーク，問いかけに対する何らかのリアクションが大きな手がかりになります。実は「先生！いいこと考えた！聞いて欲しい！」と子どもは思っているのです。

確かに実際の現場では，子どもから「この材料を切りたいけれど，どうすればいいの」とか,「この絵の周辺部分には何を描けばいいの。全然分からない！」と困った顔をされると,「ハサミで切ればいい」「花や動物を描き足してみたら綺麗だと思うよ」と答えめいたことの即答になりがちです。「切るにはあなただったら何を使ったらいいと思う？」「あなただったら，何を描いていけば絵が面白くなりそうだと思いますか？」と応答することこそが必要なのです。この応答力は，基本の意識的な理解とスキルアップを必要としています。この章で，応答力の基本となる力量アップを図っていきましょう。

（2）必要とされる子どもの思いを受け止める指導法のスキルアップ

ここでは，カール・ロジャーズの非指示的技法における５つのスキルを学び，子どもを受け止める力量アップを図っていきたいと思います。傾聴の５技法とは,「受容・繰り返し・明確化・支持・質問（リード)」です。

●受容の原理

そのまま丸ごと受け止める行為で,「ウン，ウン」と聞く実践力です。例えば，子どもが「先生できました。いいですか」と作品を持ってきたとき,「良い－悪い」で即答しがちです。ほんの少しの時間でもいい，先生の解釈で動かないで，目の前の子どもの言っていることや,行動を丸ごと受け止めてみましょう。どのような作品であるのか，子どもが言いたいことは何なのかを十分理解する必要があります。先生が自己の意見やアドバイスを言う前にまず，すべてを丸ごと受け止める実践力を磨いていきましょう。

隣の人とペアになります。そして，次の「朝の色」の対話をしてみます。

Let’s try 1【受容】朝の色　　T：先生役　　S：子ども役

T：今日の朝，見つけたことを思い出して話して下さい。どんな色を見ましたか？　いかに感じましたか？

S：〈自分の実際の色彩体験を述べる。〉

（例）今日の朝，○○を見ました。□□に感じました。

（今日の朝，トーストを見ました。パンの白に，所々薄い茶色，香ばしい匂いもしていました。印象深かったのはゆで卵です。最初，つるんとした輝く白だったのですが，半分くらいパクリと食べると，綺麗な半熟の黄色とオレンジ色，光沢が美しく，とろとろと落ちそうになっていました。綺麗な動いて行く黄色とオレンジ色だなと感じました。）

T：ウンウンと頷きながら聞く。

【ポイント１】　評価する用語を用いないようにします。当然，「それは凄い。私も見たことがあります」などと同意を言ったり，褒めたり，けなしたりしてはいけません。子どもに考える時間を与え，子どもが気付いたことを言葉で言ってみるまで「待つ」粘りこそ必要なのです。

【ポイント２】　心の中だけでウンウンと受け止めていても相手に分からないので，Sに聞いている思いが十分伝わるようにしっかりと頷きます。無意識的か意識的か分かりませんが，多くの現場の先生方がこの実践をしておられます。小学校に授業観察に行ったときに現場の先生の対応力に注目してみましょう。下の枠内「ワンポイントエクササイズ」にトライしてみてください。不思議なことですが，少しスキルが身につかないと目の前の先生方の細かな配慮や無意識での行動が，理解できない場合があります。体験から学んでいきましょう。

【ポイント３】　生徒指導上の意義：生徒指導上の問題は，先生からみると突然起こった意表をつかれる事態です。予定していた進めるべき取り組みと並行して発生もしています。十分理解ができていないままに，「だめじゃないか」「○○すべき」と言ってしまいがちなのです。うんと小さな時間だけでも，一度は目の前の状況のまるごとの受容の努力が必要なのです。心の中の短時間の受容でも実践的意義が大きく，先生自身の行動決定の大きな手がかりとなります。

ワンポイントエクササイズ

・ペアになり交替でウンウンと頷き方を２つ試してみます。

課題提示役：「どうぞと言ったら頭部型で頷いて下さい。どうぞ」「次に上半身型で頷いてみましょう。どうぞ」

エクササイズ１：首から上だけをを使って頷く（頭部型）。

エクササイズ２：腰から上全体を使って頷く（上半身型）。

ペアの人とその結果の感想を交換します。

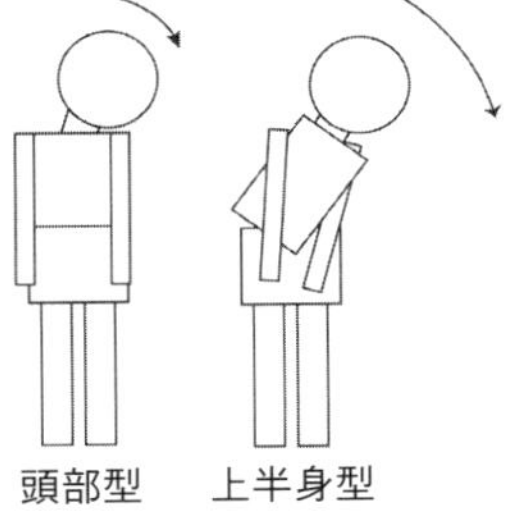

●繰り返しの原理

鏡に映るかのように言語化（動作：非言語化）します。いわゆるオウム返しになってはいけないのですが，そのまま反射（reflection）します。

Let's try 2【繰り返し，反射】好きなこと，好きな人，好きなもの

T：あなたにはどんな好きなことや好きなもの（人や動物など）がありますか。述べてください。

S：（自分の実態をそのまま話す）

（例）好きなことは，色鉛筆で絵を描くことです。家の犬や家族を描くのが好きです。

T：あなたが好きなことは，色鉛筆で絵を描くことなのですね。家の犬やご家族を描くのがお好きなのですね。

【注目ポイント：相手の言葉だけでなく，絵のイメージも繰り返そう】

色をしっかり塗っている人と犬の絵をSが描いていたとしたら，いきなり「人が犬を連れていますね」と判断を投げる前に，「〈指差しながら〉真ん中に，しっかり塗ってある絵が描かれています。カーブはここと\
ここ。丸に近い形です。その左にニコニコした人がいます」と描かれている内容を取り上げることが大切です。そうすると，描いた子どもの気持ちがTにも伝わってきますし，子どもも工夫を取り上げてくれている実感がわきます。

取り上げる

●明確化の原理

先生は，子どもが言葉にできていないが，話しているうちに潜在的に思っていることや考えていることを少しずつ理解できるようになります。その隠れて表に出ていないところを先生が言葉にしてみます。

Let's try 3【明確化】好きなことを絵にしてみて

まず，A４の紙に両者簡単な絵を描き（１～２分程度），それを使います。

T：好きなことを絵にしてみてください。（両者は，絵の準備をすでにしています）

S：先生，描けました。（描いた絵をTに見せます）

T：○○のように，描いたのですね。（取り上げ箇所を指差しながらそのまま言葉にします）
〈偏らず４か所程度取り上げましょう。前述の繰り返しの原理を使っています。〉

S：……（思ったことを順不同でかまいませんから，いろいろ言ってください）
（例）何か元気な様子が描きたくて，太陽を描きました。太陽と一緒にいるように空を飛んでいる鳥も描きました。鳥の友達のキリンも描きました。キリンには兄弟がいます。仲がいいんです。

T：○○○○の思いで，描いたのですね。

このように，子どもの思いの底にある気持ちを推察して言葉にしてみましょう。

●支持の原理

支持とは，相手の話に共感できるようになったらそれを言語化することです。授業や授業以外でもがんばって表現する子どもがいます。絵の様子（ゲシュタルト）や工夫してきた過程を振り返り，「がんばったね」と子どもの心を支えるように言う場合の実践です。夏休みの工作などで子どもの話を聞いて思わず先生にも嬉しく感じられ，その頑張りの心を受け止めようとするケース等があてはまります。大切なのは，「褒める」ことではありません。先生の価値観を投げる行為ではないのです。子どもの大切なハートを支えるようにします。

Let's try 4 【支持】がんばっていること

子ども役から，今がんばっていることを 30 秒話します。先生役は，それをウンウンと聞いて，がんばっている姿を「○○でがんばっていますね」と言ってあげましょう。

T：今がんばっていることを話して下さい。

S：先生，日曜日にお母さんのお手伝いをしたんだ。オムレツをつくるのに卵を割ってあげたんだ。

T：何個割ったの？

S：うーん。10 個！

T：たくさん割ってあげたね。オムレツ美味しかった？

S：最高だった！

●質問（リード）の原理

たずねる行為です。子どもが嫌がることは，リレーションをつけてから聞くなど，信頼関係を構築することが重要です。相手の言葉につなげて聞く実践が必要です。粘土で作品を作っているとき，渡した粘土にカッターナイフの刃を突き刺して見せに来た子どもがいたらどうでしょうか。大切なのは，いきなり「駄目じゃないか」と怒ったりしないことと，「現代美術的でいいよ」と勝手に決めつけたり，何も言わずに無視してしまわないようにする必要があります。本当に話したいことが何かあるかもしれないので，先生が作品と子どもをしっかり見て「どうしたの？」と聞いていく必要があるわけです。しっかりと関心を示し，友達の視線のある場では聞くことができない場合は，職員室で 1 対 1 で話すなど場所を変える必要もあります。

「リード」は，かなり複雑な事案について解明を目指すため，信頼関係を深めながら情報を細かく得るための問いかけです。子どもが話したことから飛躍しないで，子どもの言葉を大切にして聞きます。信頼関係をつくり，話している内容で一層踏み込んで話す必要があれば，その必要性も話します。

・國分康孝（1979）『カウンセリングの技法』誠信書房

（3）教職の指導言の種類

教育実習生が授業を計画する場合，なぜかクイズを想定した導入で計画をする場合がかなりあります。教職についている先生は，日頃の指導で「ではクイズです！」と言って子どもに答

表１　教職でスキルアップしたい３種類の問う（たずねる）行為

	名称	機能	実践	特性
1	質問（Q＆A）	知識を問う	一問一答，一問多答	答えが「はい－いいえ」，「そうです－ちがいます」になったり，答えは「〇〇」と特定され，子どもに考える余地がない
2	発問	認識を深める	弁証法的問い（揺さぶり発問），解釈，深い意味の探求，飛躍	言語的発問，材料的発問，空間的発問，暗喩など
3	リード	関係を深める	共感，飛躍を含まない	ラポール（信頼関係）の構築が前提になる

えを求めるだけではありません。表１のような，先生の問いかける行為は，最低３種類の言語行為が使われます。知識を問うばかりでなく，認識を深めたり，関係を深めたりします。改正学習指導要領は，主体的・対話的で深い学びの視点ですので，表１の２の観点が大きいと言えます。

クイズというとスフィンクスの謎「朝に四脚，昼に二脚，夜には三脚で歩く動物は何か？」が有名なクイズですが，TV 等では，知識の多さを競う番組形式があります。実習生の例では，正解－不正解の状況をつくり，無理に「正解です」と子どもを持ち上げる形式をつくろうとしているのかもしれませんが，表１の問いかける言語行為の運用力を身につけていきたいものです。

実は最近，「誘導」をしたいという先生が増えてきています。子どもに何がなんでもねらった結論を言わせたい。あるときはどうしても分かったと言わせたいというのです。こういう先生は，子どもに発言を求めても，自分の言いたい発言だけを取り上げます。違っていたら遠ざけてしまいます。はたしてこれでよいのでしょうか。小学校では，地震・火災など緊急時の行動をする際や安全指導で誘導を使いますが，それ以外では子どもに寄り添った指導を考えたいものです。

2　子どもに活動を提案するスキルアップ

先生は，活動を提案する仕事です。ペアになって，活動をお互い提案する機会を持ちましょう。

Let's try 1　〇〇を考えてみましょう！

まず，準備です。提案し考えてもらう内容を準備します。小学校では，考えてもらいたいことが多いので「考える」としていますが，子どもが行動を起こせることなら何でも構いません。Ａ４の紙かノートに，考えてほしいこと，取り組んでみたいこと，子どもが心の思いを話すことなど，先生側から提案する内容をどんどん書いていきましょう。１．〇〇〇〇のように番号も振ります。３分間で，たくさん書いてみます。その中から１つを選びます。

例１　考えてほしいこと

Ｔ：今日は，○○○○について考えてみましょう。

（例）夢の国について考えてみましょう。／魔法で動物と話ができるようになりました。どんな動物と話したいですか。何を話したいですか。／給食で好きな献立について考えてみましょう。／何色の服が欲しいですか。考えてみましょう等

例２　取り組んで欲しいこと

Ｔ：今から，□□□□をしてみましょう。

以下は，□□□□が，なりきり遊びの場合です。

（例）「なりきり遊びをします。机の横に出て，まずは動物に変身します。どんな動物になりたいか考えて下さい。思いつきましたか。ではハイと言ったら変身します。ハイ！」

象になる・犬になる・猫になる・大きな鳥になるなどが考えられます。動物を次のような対象に置き換えて話してみることも可能です。ボールになる・椅子になる・信号機になる・車になる・飛行機になる・お母さんになる・郵便屋さんになる・お医者さんになる・粘土になる・大きな木になる・川になる・空になるなどもあります。

例３ 感じたこと

Ｔ：△△△△のときに感じたことを話してみましょう。

（例）昨日「学校大好き！」で，小学校のいろいろな場所を見に行きました。見つけたこと・面白いなと感じたことを話してください。

＊Ｓ役の人は，先生の提案に対応します。（２人で交代して合計５分程度実施します。）

■感想を伝えよう！

先生役の話をどう受け止めたか，子ども役の人は感想を言ってあげましょう。

（例）○○の内容は，□□に感じました。

提案された活動の印象，取り組んだ後の感想などを話してあげましょう。

■体験から得たことを記録しよう。

２人で行った活動で，気づいたこと・見つけたことを記録に取っておきましょう。

3　関係をつなぐコミュニケーションスキルアップ

（1）子どもの意見の取り上げ，クラス全体の関係をつなぐスキル

自己表現を目指す図画工作科では，子どもの意見や考え（予想や判断など）を取り上げながら授業を進める力量が必要です。

Let’s try 1「開かれたトビラ」―先生キーパーソン型スキル―

題材「開かれたトビラ」を試しながら，「意見の取り上げ－関係をつなぐ」の力量について検討していきましょう。第１番目は，先生が中心となりクラスの思いや考え・感じ方を取り

上げるスキルを磨いていきます。先生は，子どもの思いを結び付け，一つの思考にしていきます。

4人班で実施します。指導者役（T）を決めます。指導者は，3人の子ども役（S）に，導入のお話をします。子ども役の人は，各自想像してみて下さい。導入の指導言は，次のとおりです。

導入の指導言

T「夕方にお腹がすいて家にダッシュで帰ってきました。良いにおいもしてきています。『(カチャリ) ただいま！』と言って元気にドアを開けたら，そこは別世界！見たことも聞いたこともない世界が広がってきたのです。美しい歌や楽しそうな声もします。気がつくとこちらを知らない動物が見つめています。誰かが，『ここは，地球ではありません。そしてこの星の人ですら，あの動物は誰も知らないと大騒ぎになっています。不思議な動物なんです』」

T「目を閉じて，あなたの出会った世界がどんなシーンか想像してみましょう！」／T「さあ，目を開けて」／T「あなたの世界はどんな世界でしょうか」／T「文章で書いてみましょう。絵に描いても構いません」／T「では発表してもらいます」／T「S 1さん」

S 1：「私の世界は，にぎやかな町です」

T：「S 1さんの世界は，にぎやかな町だそうです」

Tの先生役の人は，A 3の上質紙を黒板に見立てて「にぎやかなまち」と板書してください。

T：そして，「動物は，どんな動物でしょう？」

S 1：クジラのような大きな動物が，空から降りてきたんです。

T：「クジラのような大きな動物が，空から降りてきた」と復唱しながら板書します。

T：S 1さんの想像を皆さんどう思いますか？

S 2・S 3：感想を述べる。

このようにTは，S 1～S 3までの3人の子ども役全員の意見を取り上げます。

（2）班学習をすすめるスキル

■感想を伝えよう！

班で子どもたちだけで，あててもらったときの気持ちや効果を話し合いましょう。

Let's try 2「誰も知らない不思議な動物」子ども同士の話し合い型スキル

子ども役だけに任された班学習です。進め方の主導権は，子どもにあります。

T：次に，この不思議な動物について班の人と話しましょう。話し合いの前に，「誰も知らない不思議な動物の名前は，○○です。こんな動物です。性格は……」 など，友達に話したり見せたりする準備をしてください。紙に書いても構いません。発表のための練習もしてください（1年生の指導の際の練習です)。〈時間をとる〉

T：では班で話し合っていきましょう。

■ディスカッション：班学習を行った時の気持ちを話し合いましょう。

4　学習環境について

（1）友達（ピア）と，ペアで話す・班で話す対話的な学習環境

「ペアで話す」「班で話す」という応答性のある話し合いの重要性が指摘されています。ペアの相手と，バズ学習のように，思ったことを思い思いに話す方法と，話したいことを十分練ってから話させる方法があります。後者は，座ったまま考える場合や，起立して話してみる方法があります。しっかり伝えましょうという趣旨が子どもによく伝わります。先生と話すより，同じ立場（ピア）の方が話しやすいと言われ，イニシアチブをどちらかがとるのでない「対等性」「互恵性」「自発性」の学びがピア・ラーニングとして注目されています（2013）。

・中谷素之・伊藤崇達（2013）『ピア・ラーニング：学びあいの心理学』金子書房

（2）多様なコミュニケーション環境（対話促進と沈黙集中）

図画工作科では，材料・用具を取りに来るアクセス環境や，子どもが一斉に前を向いた座り方ではなく，話し合いを念頭に置いたU字型の机の配置がなされることがあります。先生と話すことが重視される場合，先生の方を向く環境にすることが検討されます。

実は，学習促進の視点から見ると，いつも対話するのがよいとは言えません。自己活動に集中することが大切な場合も多いのです。個の活動に集中する場合，幼稚園や保育園やこども園では，壁を向かせるなどの配置も行われています。

座禅を組むときに，臨済宗では禅問答があるので面壁しない（壁を向かない）状況が取り入れられていますが，曹洞宗では，面壁する（壁を向く）形式で行われます。只管打坐《しかんたざ》（ただひたすらに坐るの意味）という意味が徹底されるようそのような配置にしています。子どもの学習でも，一人ひとりが，表現中に心と体が一つになることを目指す必要がある場合，独立・集中を実現する環境づくりをする等，活動特性に応じた環境の選択を工夫していきたいものです。

（3）場（フィールド）をこうとらえる

感性教育には，一つ一つの授業などその場のことというよりは，創造的な場（場所，環境）全体が個の成長を促すという考え方があります。北川民次（1894－1989）は，天才発見や激励を使った天才芸術家製造の仕事でなく，「私はこの学校で，コミュニティ・アートを作り出すこと，自由な社会人を作り出すことを考えている」（p. 124）としました。学びの意識や意欲が高まっているクラス（場，場所，環境）は，そこにいるだけで大きな影響を受けるという考え方です（北川民次（1952）『絵を描く子供たち：メキシコの思い出』岩波新書）。

Let’s try 1　場が育てる

試みに「○○の雰囲気が好きだった」をテーマに各自の経験を紹介しながら４人班で話し合いましょう。

5　見つめていきたい学習材への応答性
―子どもを引きつける材料や方法，空間，主題の選択―

（1）子どもの材料への応答性

粘土やダンボール，木や針金など，図画工作科では様々な材料が登場します。何がつくりたいと思う以前に，すでに子どもの中には，触ってみたい，練ってみたい，切ったりつなげたりしてみたい，どんな物だろうと不思議に思うなどの数々の思いが心の中に生まれます。

これを材料等への応答性と呼んでみたいと思います。子どもがクリエイティブを構成する潜在的要素に敏感に反応し応答できることがきわめて重要です。例えば，粘土に触ってみる活動では，手の中に入れて丸めてみたり，紐状にしたりしながら，こんな形になった，あんな雰囲気になったと，対話をする行動ができるようになります。材料（木）との心のやりとりが専門家でも有効であることを示したのが，宮大工西岡常一《にしおかつねかず》さん（2003）です。この材料等への応答性は，小学校の低学年から高学年に向かって次第に力がついていき，パワーを感じられるように成長すればよいのですが，残念ながら意欲は次第に低下の傾向にあります。無関心・無感動が蔓延し，材料のような多様な持ち味を示すものにではなく，ゲームのような単純な結果を出すメディアに興味が向けられていきます。

消費生活万能時代では，これもよかったのかもしれませんが，価値の創造に関わる力をできるだけ長く，維持・発展させていきたいものです。そのためには，小学校6年間にわたって継続的に様々な種類の材料体験を準備し材料への応答性を高めていく必要があります。

・西岡常一（2003）『木に学べ――法隆寺・薬師寺の美』小学館　小学館文庫

（2）方法への応答性

版画や陶芸，編む・染めるの方法など，図画工作科には独自な世界をかたちづくる表現方法があります。小学校では，学年が上がるにしたがって一色から多色版画を学んでいったり，立体作品や木の工作，生活に使える小箱などを見て，その学年になったら一度は自分もつくってみたいものだと感じている子どもも多いことでしょう。

泉山幼稚園（京都市東山区）では，一番高い年齢の子どもは，自分たちで造形展の計画・実施へと向かうプロジェクトメソッドを実践しています。一番大きな活動場所（吹き抜け，一階大広間）がすべての年齢段階の子どもに見えるようになっており，自分もその段階になれば，自分たちで展覧会を構成していける立場になれることが，自然と伝わっていって，子どもたちの憧れとなっていきます。小学校でも，学校一斉の造形展を体育館や講堂で毎年取り組み，成果を上げています。展示を見て，自分の中に様々に表現する方法が広がる楽しさが感じられます。他のクラスの様子を一度見てみたいと言っている子どもの期待に，教育関係者は応えています。一方，どうしても先生の指導実績を見せる形になります。泉山幼稚園の子どもが主体的な意欲を持つ取り組みが参考になるのではないでしょうか。

図画工作科には，自分でみんなを楽しませる仕掛けやゲームなどをつくる学習がありますが，受け身の消費者ではなく，作り手となる楽しさがあります。また，自分でつくった器で食事をすると，外観上の美しさだけではなく，バランスのよさなど使いやすさが，食を一層楽しくすることに気づくでしょう。方法の習得は，社会や自己の人生に関わる力を強くしていきます。

（3）表現主題への応答性

こんなことが表現してみたいという，主題に関わる興味・関心の強さのことを，表現主題への応答性ととらえてみたいと思います。一人ひとりで，表現するものは違っています。「生活に生かすものをつくる」「遊んで楽しいものをつくる」「個性的な表現をしてみる」など，表現主題も様々です。全体構成（例：絵においては構図）を決定するのは，表現主体者である子どもです。徐々に表したいことが鮮明になるように，取り組みながら意欲が高まっていくように考えていきたいものです。

図１「草すべり　いっぱいすべったよ」こども園年長

図２「大きなハチに出会ったよ。」保育園年長

図３「さかながいっぱい。ねっおとうさん」１年生

図４「しまねのライトアップ」２年生

図１は，元気に草滑りを楽しんだ経験が絵になっています。表現テーマの質的な側面では，坂の自然環境を楽しんだこととと，滑り台のように滑ったことの２つの内容を盛り込む工夫がなされています。草滑りの楽しさが溢れています。図２は，大きなハチにあった驚きを描いています。ハチを描くときも人を描く方法が応用されています。図３はお父さんと楽しく魚がたくさんいるところに行ったのでしょうか。人表現を応用して魚の顔を描いていっているので，物的な食料としての魚でなく，貴重な命としての魚の表現となっています。図４は，楽しい旅行の風景が絵になっています。滝や提灯の風景が，複数盛り込まれて完成しています。

また，家でも絵を描く楽しみは行われています。３～４年生の２年間に約 50 人の人の絵を描いた事例をご紹介します。はじめは，好きな動物などの人形を手作りのハウスに住まわせていました。人もいてよいのではないかと思いましたが，買うのもどうかと思い紙に絵を描きペーパー人形をつくって楽しむことにしたそうです。描いた絵の人たちは，図６のような空き箱利用の手作りハウスをつくり住まわせています。１か月に平均２人（２週間に１人）１年間で 24 ～ 25 人，２年間で約 50 人をつくっていきました。名前も紙の裏に書いています。

図５は，その一部です。左から２人のお母さんがいます。島に住んでいるそうですが，このお母さんは仲が良くて，それぞれの子どもも仲が良いそうです。左下の子どもは，同じ学年ではないのですが，仲が良いそうです。真ん中に配置した服に「OK」と書いた子は島に流れ着いた子なのだそうです。家族はこの子とも仲良くしているそうです。ミヒャエル・エンデのモモは，廃墟に住む子どもで，人の話をよく聞いてあげる人気者として登場します。不思議な存在感が似ていて興味深いです。

別の島に住む３人兄弟もつくっています。図５の右の「ゆめっ！　まほう使い！」は，魔法

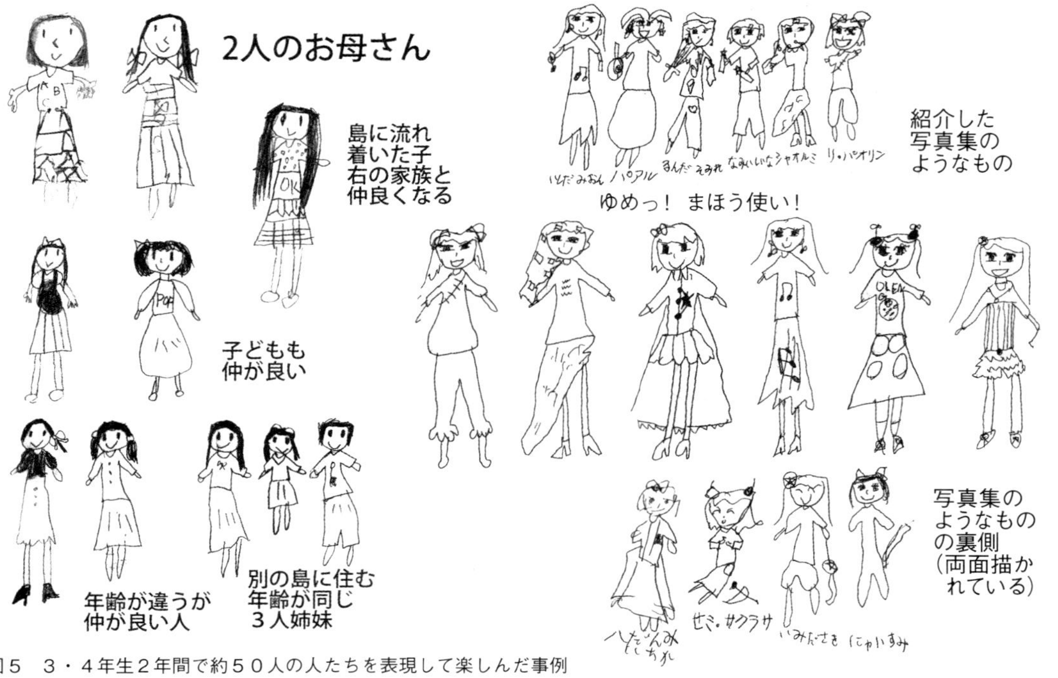

図５　３・４年生２年間で約５０人の人たちを表現して楽しんだ事例

図６　人形たちが生活している家（手作りハウス）

を使うそうです。上の絵は，スターたちを紹介する写真集で，真ん中の大きい絵が本人です。上下は，１枚の紙の表裏です。想像で描いた女の子が写真（実は自分で描いています）になっています。オリジナルの人も描きますが，写真想定の絵も，オリジナルを写したと想定して描いていっています。名前も独自につけています。

想像で描いた数多くの女の子に，よく一人ずつ名前を思いつけたなと考え尋ねてみると，自分に「思いつけ！」と心で思ってみるそうです。すると思いつけるのだそうです。

発想力だけでなく，こんなことができそうだという見通し，つまり構想力が豊かに発揮されています。遊びの世界の主題性の選択には，かなりの可能性がありそうです。

（４）反転学習など情報環境への応答性

動画などネットワーク環境のソフトを事前に視聴し，そこで基礎を学んで，実践は学校で行う反転学習が取り上げられるようになりました。基礎は学校でやり，応用的な課題（復習や宿題）を家で行うという考え方から，基礎をネットワークソフトで学び，実践的な応用を学校で実施するという考え方です。今後，針金の曲げ方，のこぎりの使い方，電動糸鋸の使い方など，事前にネットワークで視聴して授業に臨む等の効果的な学習を検討していくことが考えられます。また，図画工作科でよく行われてきた，使いたい材料を家で選んでくる行為は，反転学習的だと考えられます。学習への応答性が高まることが予想されます。

（５）子どもによる企画・立案を実現するプロジェクトメソッドへの応答性

子どもが計画して，実施・評価まで責任をとるのがプロジェクトメソッドです。計画された教育を受けるだけの小学校に，計画から評価まで自分たちで行う方法です。子どもも自分たち自身で学びを計画したいという思いもあることでしょう。学習発表会も，先生の指導力発表会ではなく，子どもが企画・実施してもよいようにできるかもしれません。大人ではグループ展や個展の形式があります。特別教室が空く期間をキープして，子どもの発表の機会をつくってはどうでしょうか。新しいカリキュラム・マネジメント下では実現可能のように思われます。大人になってからプロジェクト的な仕事は多くあります。自らが提言し，プレゼンテーションをして理解を得て，その実現に向けて努力するという学習です。そのための力が，文化的な活動ではかなり現実的に資質・能力を伸ばしていけると考えられます。

（村田利裕・塩見考次）

6　教室を超えて

（1）異年齢で学べる機会を増やす（カリキュラム・マネジメントを活用して）

学校で，全校放送を使って，一斉の造形活動をする体験をしました。自ら表現し，学級や学年の友だちの作品を鑑賞し，それを全校へ広げていく活動としました。

① 全校一斉放送を使った造形表現の共通体験

全校児童にＡ４サイズのスケッチブックを持たせて，全校一斉のクロッキータイムという活動に取り組ませました。週１回始業前（朝学習の時間）の 15 分間で実施しました。放送室からテレビで行う一斉指導により，線描中心に絵を描きます。「ゆび」「雑草と根っこ」「お話の絵」などを５分間の導入指導の後，スケッチペンなどの線描材にて 10 分間で描きます。時間に余裕があれば彩色もします。放送の指導は教師の輪番で担当し，教室では担任がいて各教室の子どもが表現する際の支援を行うティーム・ティーチングでの指導体制を取りました。

全校でのクロッキータイムが終われば，作品を廊下やクラスの後ろに展示し交流します。廊下は同学年の児童が見やすいのですが，スペース的に限りがあります。そこで，廊下に展示する班は輪番としました。学級の子どもはもちろん，通りがかった他学級や他学年の子どもも，自分も取り組んだテーマなので，楽しく興味津々で見ることができます。

また，玄関の全校掲示板に，１年生から順番で学級から選抜した数点（コピーした作品）を展示しました。さらに掲示板の前に机を置き，大きめの付箋や鉛筆・消しゴムを準備し，「見つけたこと，分かったこと，ほめたいこと，アドバイスしたいこと」などを書いたコメントを作品の近くに貼れるようにしました。描いた子どもに感想を伝えることができるようにしたわけです。どんなメッセージがやり取りされているのか，他の子どもも見て自分も書くことができるわけです。書かれた作品の作者は同じ場所で返事を返すことができます。

② 学校全体での学年を超えた鑑賞会の取り組み

①の取り組みを継続し，子どもたちは表現と鑑賞の活動を積み上げていきました。その成果を交流するために，１年間の中間と最終に全校鑑賞会（全学年で共通の１時間を使用）を行いました。そこまで描いてきたスケッチブックの作品の中から自分が選んだお気に入りのページを開けて並べると，体育館は巨大ギャラリーとなりました。

図１　ワークシートに感想を書く，会話も弾む

全体の時間は１時間（45 分）で，前半 30 分はスケッチブックの鑑賞時間（１学年５分）です。作品の感想が書き込めるワークシートを持って回ります。普段の活動の成果もあり友達との会話も弾みます。残り 15

分は，全員でトークタイムです。手を挙げた子どもが話をしたい作品を実物投影機で取り上げながら感想を発表し，作者やまわりの子どもも話し合いに加わります。例えば，６年生が１年生の作品を取り上げて，全校に感想を述べることのできる機会としました。全校規模で，お互いが解り合える時間はかなり重要だと考えました。

図２　全員でトークタイム（全校規模で解り合える時間）

③ 相互交流による子どもの意識改革

２つの取り組みでは，学年（年齢）を超えて子ども同士が交流していきます。低学年は高学年への憧れと尊敬の念をもって，高学年は低学年への優しさと慈しみの念をもって関わっていきます。それだけに異年齢での学びは計り知れない効果を生みます。現代の大人の関係を見ていると，お互いの良さや関わることの素晴らしさを感じられなくなっています。そこで，どうしても教科単独の状況では，その教科で始まり一定の範囲の中で学習を終わらなければなりません。しかし，ここに紹介した全校一斉の取り組みは，一生を通して互いの世界に気づき，尊重し，自他の世界のよさに関わったり認めたりする，コミュニケーション力という一番学んでおくべき資質・能力を育てることを可能にするのではないでしょうか。こういった体験が，人と人の相互交流の積極的な参加へ，そして，大人になったときの各種事業や大規模企画への意欲的な参画へとつながることを願っています。

（２）地域に出かけて，それぞれの現場で体験する学び

①文化財・美術館・博物館などの文化環境へ出かけて

次に紹介するのは，教室を超えて地域に出かけて学ぶ授業の試みです。まず，ご紹介するのは，小学校が企画した全校一斉の３日間集中の鑑賞学習です。この学習は，学校行事としての美術館や博物館などの文化施設や旧跡に出かけ，地域の美術と文化のよさを味わう鑑賞体験の取り組みです。授業時数は，図画工作科の授業時間を４時間（180分）配当しました。鑑賞の対象とした地域は，京都市北区です。

子どもたちは，この取り組みで文化的な所産（遺産を含む）を鑑賞しました。美術館と文化施設，文化財（史跡，旧跡など）です。小学校６年間を通して毎年学ぶ美術館を共通鑑賞美術館（表１の㋐）と名付け，堂本印象美術館を位置づけました。この美術館は常設展・企画展など多彩な展示があり，学芸員さんからも大変好意的に「小学校の子どもさんたち全員に，企画展や堂本印象の美術を見ていただけて嬉しい」と言っていただき，大変貴重な機会となりました。

さらに，学年ごとに違った地域の文化財・施設等（表１の㋑）をもう一つ鑑賞することにしました。小学校６年間で各学年で１か所ずつ合計６か所の異なった文化財（旧跡，史跡等を

表１　各学年で鑑賞する美術館・文化財・施設等

学　年	㋐共通鑑賞美術館	㋑学年毎に出かける地域の文化財・施設等
１年生	堂本印象美術館	A金　閣　寺・・・・世界遺産
２年生		B千本釈迦堂・・・・お多福の面の発祥地，仏像
３年生		C織　成　館・・・・町家の西陣織展示館
４年生		D高麗美術館・・・・朝鮮の美術工芸品
５年生		E船岡山付近・・・・定説の碑，仏師定朝の碑等
６年生		F龍　安　寺・・・・世界遺産，石庭

含む）と美術館・展示館を鑑賞できるように考えました（表１の㋑A～F）。

指導の実際としては，共通鑑賞美術館では，一度に学べる人数の関係で，低・中・高学年の３つのグループを作り，１日に１グループずつ３日間で合計３グループの全校児童が実際の作品を目の前にして鑑賞体験をしました。午前中の時間を使い，２つの鑑賞をして学校へ戻って給食を食べることができるようにしました。例えば，１年生と２年生は実施日１日目に，合同で堂本印象美術館へ行き，企画展や常設展の作品の見方について学芸員の方からお話を聞いて，作品の面白さや美しさを感じ取る体験学習をします。そして自由時間に，もう一度自分の興味がある作品を見たり，友だちと話したりすることが大切になります。

その後２つの学年は別れて１年生はA金閣寺へ行き，２年生はB千本釈迦堂へ行きます。実施日２日目は３年生と４年生とが合同して美術館に行き，３年生が㋑（C織成館），４年生が㋑（D高麗美術館）に行きます。６年間で６つの寺・博物館・美術館・碑・庭などを鑑賞します。

㋑の文化施設の鑑賞は，地域の伝統産業や文化財に関わる施設です。例えば高麗美術館では，高麗時代の陶磁器で青い翡翠色《ひすいいろ》の青磁，朝鮮時代のものでコバルトで青花《せいか》を描いた清楚な朝鮮白磁を見ることができます。どちらも朝鮮の人々の高い精神性と心情性に溢れています。学校では，歴史は社会科，造形は図画工作科と分けて学ぶ傾向にありますが，文化の存在は分かれているわけではありません。お互いの国の個性に敬意をはらい精神を学ぶ機会にもなります。

このような地域の文化的な姿を積極的に学ぶためには，コミュニティ・スクールに支援いただきました。コミュニティ・スクールとは，教育委員会が設置し，保護者や地域の人たちが協働し支援を行う制度を母体とした活動組織です。引率の安全面でも助かります。事前に打ち合わせや役割分担の調整を進め，一人の教師の指導を超えた別次元の教育が実現できます。

②校外の社会に息づく感動空間に出かけて

校外学習では，子どもは見違えるように元気になります。農業，林業，水産業，酪農や製造業，町で人が働く様々な現場など，校外の現場に足を運びリアルに刺激を受けると，その感動的な体験は子どもの心や記憶に強く残ります。例えば，筆者が経験した西陣織の現場には，糸や織機もあり，それを巧みに操作する人たちがおられて，そこで働く人の思いを直接うかがうことができます。このように，子どもが自分自身で意義を考え，価値観を育てることのできる校外の感動空間に出かけていくことは，是非取り組んでいきたい試みです。

ア．話しかけてくれる社会の人たちに出会う

地域の方を学校へゲストティーチャーとしてお呼びすると，学校はその方の普段の活動環境と違います。教室には教壇があって，子どもと距離を置いて話すことになります。言葉や映像だけで紹介しなければならず，どうしても制限された情報形態だけでお話しいただくことになります。

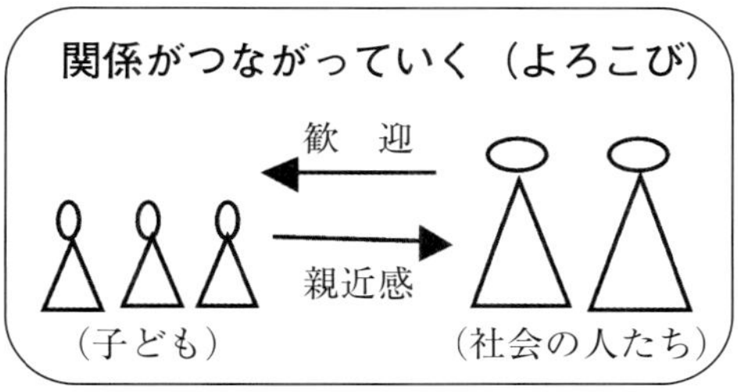

一方，現場に出かけると，いちご園では，見たこともない数のいちごを目の前にしながら話を聞けますし，酪農の現場では，子牛たちもいます。また，それぞれの現場では子どもはニコニコの笑顔で受け入れられ，向こうから話しかけてもらえます。あらゆる質問が可能ですし，誠心誠意答えていただけます。「本気でたずね――一生懸命答える」の関係が生まれ，問いかけた子どもの真意に寄り添って話しかけてくれます。

地域への出かけ方としては学級全員で行く時や，グループに分かれて行く時があります。子どもだけで行く時は，事前に何人で来てどんな質問をするかなどを伝えておきます。また，子どもたちは質問するための練習もします。感想を聞かれても各自の考えで答えていくことができるようにしています。歓迎されて自然に会話がスタートすると，相互に話が出せて，子どもにとって本当に愛されることが実感できる場所となるのです。

イ．日頃見ることができない生活空間の内側の世界に出会う

普段，買い物に行くと，店先のケースの中に切り分けられてトレイにのった魚や肉を見ています。授業として行った場合，大きな包丁で魚をさばいていたり，肉の塊を機械にかけてスライスしていたりする仕事の舞台裏を覗かせてくれます。そのような様子を見ると，「このように提供されているのだ」と日常の理解につながって深まる体験になります。こういう経験を踏まえた絵は，子ども一人ひとりの働く人への敬意に溢れた豊かな表現となっていきます。

ウ．大きな自然環境・町環境・生活している営みに出会う

教えてくれるという点では，人の先生だけでなく，自然や環境もよい先生です。例えば，木は根を張り葉を広げます。昆虫や動物が住み，生きる姿から子どもに表現意欲や感動を与えます。水環境でも，魚や動植物が住み生きる楽しさを教えてくれます。自然は，身近で壮大な先生なのです。さらに子どもは，絵画空間の中にも想像の動植物を住まわせようとします。また，僧侶の方からの伝承で，たくさんの蛙が水辺から出て拝みにきた昔話をうかがうと，人々がどのように環境をとらえてきたかという価値観が学べます。

以上述べてきたように，教師は，出会いを計画・実施する重要なプランナーです。現在でも教科書をたった１人で教えるソロ・ティーチャーの役割も期待されていますが，今後は学校内外の方と協働するコラボレーション・ティーチャーの役割が期待されています。

（塩見考次・村田利裕）

トピック3　子どもの絵の魅力と発達

子どもの絵の魅力を発達的に紹介しています。福知山市佐藤太清記念美術館主催アートコンテスト「ちいさな絵画展」に出品された事例です。このコンテストは，小さな子どもから年齢の高い方まで，すべての年齢の方が参加できます。小さな画面（0号，14 × 18cm）を条件としています。第 21 回のテーマは「自然と文化」でした。工夫している点や大人の作品にもない子どもの絵の魅力に触れていただければと考えます。

こども園年中園児「おおきなまめとれた」 一つひとつ違った形のお豆が楽しくぎっしり，工夫して描かれています。

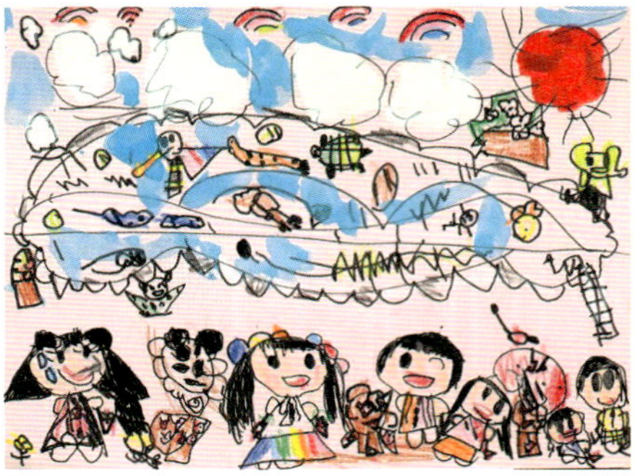

こども園年長園児「いちごおいしかったな」 いちごを食べた場所では，空にリズミカルな虹と雲，池では動物達が楽しんでいます。自分で考えた独自な環境世界です。

保育園年長児「おうちおにわ」 黒・赤・黄土の部分は，上から庭を見ています。扉と階段のある家ではありません。一方花は横から見ており空間が合成されています。

こども園年長園児「つよそうな あゆをみた！」 外観が，強そうで固そうな魚との出会いの感動が絵になりました。先生からの表現方法の提示も生かせています。

保育園年長園児「あおすじあげは」 雨の降る時期に，綺麗な模様のあおすじあげはが，飛んでいることに気づきました。蝶の右側の赤い形は，花の香りでしょうか。

保育園年長園児「あげはちょうとはちとへび」 なぜ３匹が選ばれたのでしょうか。蛇をカラフルにした訳は何でしょうか。絵は秘密と魅力に溢れています。

小学校２年生児童「大うちゅう」 無限，そして暗黒の厳しい姿をした宇宙が描かれました。ゴシゴシと絵の具を押しつけて描いて，自分の捉え方を表現しています。

小学校２年生児童「川」 鉛筆で河原の石を細かく描き，サインペンでも重ねて石を描いています。河原の石の重なりや積み上げが感じられる大変な力作となりました。

小学校２年生児童「みんなで町たんけん」 小学校の近隣のお寺を探検し小窓から内部を見ました。文化財に関わりたい思いが仏像に近づいた想像の構図となりました。

小学校２年生児童「田んぼくうき」 自然の素晴らしさとは，田んぼのある場所の空気感（白い道と土色と緑色の風景）であるとの卓越した着眼点が絵になっています。

小学校５年生児童「思い出の蚕の飼育」 生きている蚕を育てた体験と感動が作品になっています。大人の絵の世界にはない絵のジャンルが生まれています。

（村田利裕・塩見考次）

Ⅶ

カリキュラムと評価

キーコンセプト
●小学校学習指導要領　●目標と内容の３観点,「知識及び技能」「思考力，判断力，表現力等」「学びに向かう力，人間性等」　●材料・用具を扱う能力の学年発達，新しい指導内容　●評価の３観点

1　学習指導要領を理解しよう

（1）日本の公教育における図画工作科のあり方

公教育では，図画工作科を学ぶことになっています。ある先生がたくさん学ばせたいと思って時間数を多くしたり，自分は絵を教えられないから少なくしたいなどと思って時間配分を勝手に変更してはいけません。国語と算数だけをしておけばいいんだというのも駄目なのです。

日本の学校教育は，国会で協議し実施を決め，全国を一つの基準（法律）に定めて実施しています。法令主義（法律主義）と呼ばれています。法令とは，法律（国会が制定する法規範）と法令（行政機関が制定する法規範）との総称です。

小学校でどんな教科を学ぶのかは，学校教育法施行規則第四章小学校第二節教育課程の第五十条で決められています。図画工作がそこに書き込まれているのです。「各教科」と総称されていて，各教科ではこれまで，生活や外国語などが新設されました。各教科以外では総合的な学習の時間が創設され，道徳も「特別の教科である道徳」となりました。この条文の重みは，大きなものだと理解する必要があります。

小学校は，各教科と特別な教科である道徳，外国語活動，総合的な学習の時間，特別活動

表１　教科教育の実施と重要法令との関係（Ｑ－Ａでの学び）

	Ｑ　クイック質問	Ａ　答え
1	日本の子どもはどんな教科を学びますか？ それを決めている法律は，何で何条ですか？	**学校教育法施行規則，第五十条** 下記（注）参照
2	小学生は１年間に何週勉強しますか。それを決めているのは何ですか？	**年間35週以上**にわたって行う（１年生は34週。最初の週は入学式や学校慣れの週なので）。**学習指導要領**（第２　教育課程の編成　３教育課程の編成における共通事項（２）授業時数等の取り扱い）
3	各教科の１年間の総授業時数は，何に定められていて，図画工作科は何時間ですか？	**学校教育法施行規則，第五一条（別表第一）** 第１学年68，第２学年70，第３学年60，第４学年60，第５学年50，第６学年50

（注）学校教育法施行規則　第二節　教育課程　第五十条「小学校の教育課程は，国語，社会，算数，理科，生活，音楽，図画工作，家庭，体育及び外国語の各教科（以下この節において「各教科」という。），特別の教科である道徳，外国語活動，総合的な学習の時間並びに特別活動によって編成するものとする。」とされ，小学校の学びは，各教科を含む５要因の学習で構成されている。

で教えていくとされています（第50条）ので，5要素の指導力が必要ということになります。これほど複数要素の指導力を必要としているのが，小学校の先生の教職専門性だと言えます。

小学校は，1年間に何週間授業が行われているでしょうか。年間35週で，小学校学習指導要領の「第2　教育課程の編成」の「3　教育課程の編成における共通的事項」「(2)授業時数等の取り扱い」に定められています。図画工作の1年間の総時間数は，低学年は第1学年68時間，第2学年70時間です。学校教育法施行規則に定められています。低学年では，2時間×35週＝70時間で，2時間続きの授業が毎週実施できます。中学年60時間，高学年50時間と10時間減らして実施することになっています。

勤務校の1年間の学習時間に効果があがるよう図画工作の学習を位置づけることになります。

（2）新しくなった図画工作科

今回の学習指導要領の改定（平成29年告示）は大規模なものでした。図画工作は学習指導要領で，「表現及び鑑賞の活動を通して，造形的な見方・考え方を働かせ，生活や社会の中の形や色などと豊かに関わる資質・能力を次のとおり育成することを目指す」とされ，成長・発達を目指す資質・能力を3つ（「知識及び技能」「思考力，判断力，表現力等」「学びに向かう力，人間性等」）にとらえて学んでもらうことになりました。

まず，全教科で教科特性をまとめることになりました。図画工作は，「造形的な見方・考え方」とされました。国語は，言葉による見方・考え方，算数は，数学的な見方・考え方，社会では，社会的な見方・考え方，理科では，理科の見方・考え方（「科学的な見方や考え方」とはされませんでした）などと，改定までの苦労がしのばれるものとなっています。

さらに「生活や社会の中の形や色などと豊かに関わる資質・能力」とされており，生活を一生・生涯と読み直すと，感性的な体験の学習の重要性が見えてくるようです。また，社会という言葉から，様々な場面で役に立つように考えなければいけない切実感が迫ってきます（解説p. 11）。共通事項では，形や色を「知識」に置き，「自分のイメージをもつ」を「思考力，判断力，表現力等」に位置づけています。

「第1目標」で「知識及び技能」は，「(1)対象や事象を捉える造形的な視点について自分の感覚や行為を通して理解するとともに，材料や用具を使い，表し方などを工夫して，創造的につくったり表したりすることができるようにする。」，「思考力，判断力，表現力等」は，「(2)造形的なよさや美しさ，表したいこと，表し方などについて考え，創造的に発想や構想をしたり，作品などに対する自分の見方や感じ方を深めたりすることができるようにする。」，「学びに向かう力，人間性等」は，「(3)つくりだす喜びを味わうとともに，感性を育み，楽しく豊かな生活を創造しようとする態度を養い，豊かな情操を培う。」とされました。

(1)から(3)全体に「創造」のキーワードを入れ，創造教科である特性を打ち出したところに特色があります。(1)では，材料や作品だけでなく，事象とあるように出来事などをとらえる点が新鮮です。さらに，「知識」といわれると形や色の名称を覚えることと誤解される点がありますが，自分の感覚や行為を通して理解する知識を大切にしています。(2)では，発想や構想と段階を追って学んでいく姿（過程）で構成しています。(3) は，これまでの目標がここに移行したような印象がありますが，「感性を育み」というキーワードが継承されている点と「楽しく豊かな生活を創造しようとする」と新たに盛り込まれました。図画工作の形や色などの学びが，あるべき人生や生活の基礎力として生かされる方向性がかなり明確にされたところに特色があります。

(3) 子どもの学ぶ材料・用具

学ぶ材料・用具を知ると図画工作のイメージがつかみやすいでしょう。学習指導要領をもとに，図画工作で学ぶ材料と用具の学年進行表（表2）を示しました（村田作成)。「第3指導計画の作成と内容の取扱い」の「第2の内容の取扱い」(6) に示された内容です。

カリキュラム自体は大きく見直されましたが，材料と用具については大きな変更はありませんでした。「必要に応じて，当該学年より前の学年において初歩的な形で取り上げたり，その後の学年で繰り返し取り上げたりすること」とあり，低・中・高の2学年の大ぐくりな範囲では，この学び方で行うと考えていく必要があります。

具体的には，「ア　第1学年及び第2学年においては，土，粘土，木，紙，クレヨン，パス，はさみ，のり，簡単な小刀類など身近で扱いやすいものを用いること」「イ　第3学年及び第4学年においては，木切れ，板材，釘《くぎ》，水彩絵の具，小刀，使いやすいのこぎり，金づちなどを用いること」「ウ　第5学年及び第6学年においては，針金，糸のこぎりなどを用いること」とされました。「など」という表記は，他も取り組んでも構わないけれど，そこまでのものは必須ですという意味です。

表2　図画工作で学ぶ材料と用具の学年進行表

学年	材　料	用　具
第1学年及び2学年	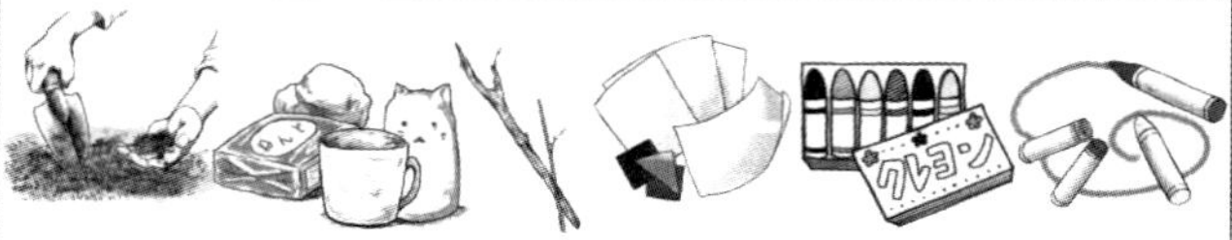 土　粘土　木　紙　クレヨン　パス	 はさみ　のり　簡単な小刀類
第3学年及び4学年	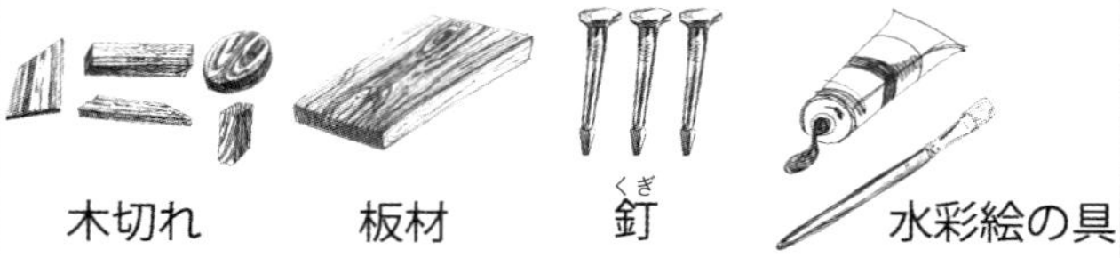 木切れ　板材　釘《くぎ》　水彩絵の具	 小刀　使いやすいのこぎり　金づち
第5学年及び6学年	 針金	 糸鋸

低学年は，子どもたちの身近な土や粘土や木など，工夫しやすい材料を使います。紙は，絵を描いたり工作に使います。絵に表す材料・用具ですが，水彩絵の具ではなく，クレヨン・パスといった線を引く（ドローイング）行為で描ける材料が示されています。鉛筆や色鉛筆は示されていません。線を引く基本を押さえており，同時に発色のよい材料が最適と見ています。水彩絵の具は，使わないと理解してください。教育現場でも，「みんなやってます」と言う指導者もいますが，それは正しい理解ではありません。過去に先生が展覧会にのめり込み，表現技能中心の状態が長く続いたので，水彩絵の具は中学年とされています。幼稚園・保育園・こども園でも水彩絵の具は使っていますが，小学校ではこの学年進行です。共同で利用する程度や，糊を加えて，手で描くなどは可能かと思われます。はさみも使いますが，簡単な小刀類でカッターなどを使います。1年生は無理でも，　2年生では必ず実施することになります。

中学年は，木の工作と水彩絵具の具です。小刀はどう使うのでしょうか。子どもに使いやすいのこぎりは選べるでしょうか。このあたりの実践力を身につけておく必要があります。安全な使い方を教えることは必須です。

高学年は，針金や糸鋸（電動糸鋸）を使います。針金はペンチを使わないと切れません。ペンチで切ったときにすぐに先を丸めます。そのままだと活動中にピンとはねてペンチの切り跡が鋭利なので体に刺さります。ここでも，安全指導が必ず必要となります。

（4）造形遊びの活動について（活動を思いつく学習で，作品にしない活動です。）

図画工作というと，先生の言った作品を作るだけの授業が多く，上手下手ばかりで先生や友達の視線を感じるので嫌いになった方はいないでしょうか。実は作品にしない「造形遊び」の内容は長く学習指導要領にあったのですが，先生が実践できていませんでした。

次頁（p. 112）表3 1をご覧ください。低学年は，子どもが感覚や気持ちを生かして造形的な活動を思いつく活動です。また，体全体で取り組むことを重視しますので，できれば広い場所で実施を考えてください。体育館や運動場や特別な活動室で実施したいところです。教室でも机を後ろに片づけて活動します。例えば砂場の造形遊びは，砂場で活動します。「並べたり，つないだり，積んだりする」活動を基本技能とします（2）。紙コップに砂を詰めてひっくり返すと紙コップの形の砂の形が簡単にできます。何度も繰り返すと友達の連続とつなげていくこともできます。

基本に取り組みながらも，砂場で自分たちでしたい活動を話し合わせることが重要です。砂場は，管理不足で，固まってしまっています。砂場全面を掘り起こす環境準備を同学年の担任でするか，動力で行う簡便さも必要です。なお砂場には，造形遊び用と体育用の砂場があります。

中学年は，「場所」がキーワードになっています（1）。空間規模が大きなところを選びます。活動の特徴（2）としては「組み合わせたり，切ってつないだり，形を変えたりする」のです。ダンボールを切って組み合わせる造形遊びでは，ダンボールで立体作品をつくるのではないので，子どもは，ダンボール材を試しに切って

みて，面白そうな形に組み立てていく授業となります。試しに切ったり，試しに組み合わせたりして新しい形が色々できてくるのを楽しむ活動になります。

高学年は，低・中学年で学んだ経験や技能を総合的に生かして活動します（❷）。場所，空間などの特徴から思いつく活動を試みます。

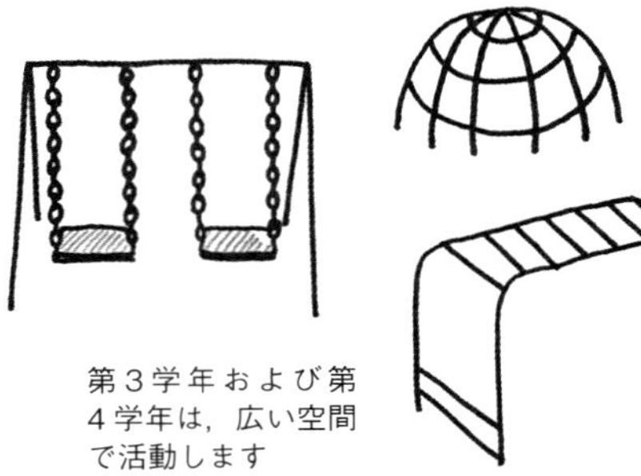

第３学年および第４学年は，広い空間で活動します

表３　造形あそびをする活動の学年段階と３つの資質・能力の成長・発達（アンダーライン筆者）

	アの学習		〔第１学年及び第２学年〕	〔第３学年及び第４学年〕	〔第５学年及び第６学年〕
1	思考力，判断力，表現力等		ア　造形遊びをする活動を通して，身近な自然物や人工の材料の形や色などを基に造形的な活動を思い付くことや，感覚や気持ちを生かしながら，どのように活動するかについて考えること。	ア　造形遊びをする活動を通して，身近な材料や場所などを基に造形的な活動を思い付くことや，新しい形や色などを思い付きながら，どのように活動するかについて考えること。	ア　造形遊びをする活動を通して，材料や場所，空間などの特徴を基に造形的な活動を思い付くことや，構成したり周囲の様子を考え合わせたりしながら，どのように活動するかについて考えること。
2	技能		ア　造形遊びをする活動を通して，身近で扱いやすい材料や用具に十分に慣れるとともに，並べたり，つないだり，積んだりするなど手や体全体の感覚などを働かせ，活動を工夫してつくること。	ア　造形遊びをする活動を通して，材料や用具を適切に扱うとともに，前学年までの材料や用具についての経験を生かし，組み合わせたり，切ってつないだり，形を変えたりするなどして，手や体全体を十分に働かせ，活動を工夫してつくること。	ア　造形遊びをする活動を通して，活動に応じて材料や用具を活用するとともに，前学年までの材料や用具についての経験や技能を総合的に生かしたり，方法などを組み合わせたりするなどして，活動を工夫してつくること。
3	共通事項	知識	ア　自分の感覚や行為を通して，形や色などに気付くこと。	ア　自分の感覚や行為を通して，形や色などの感じが分かること。	ア　自分の感覚や行為を通して，形や色などの造形的な特徴を理解すること。
		思考力，判断力，表現力等	イ　形や色などを基に，自分のイメージをもつこと。	イ　形や色などの感じを基に，自分のイメージをもつこと。	イ　形や色などの造形的な特徴を基に，自分のイメージをもつこと。

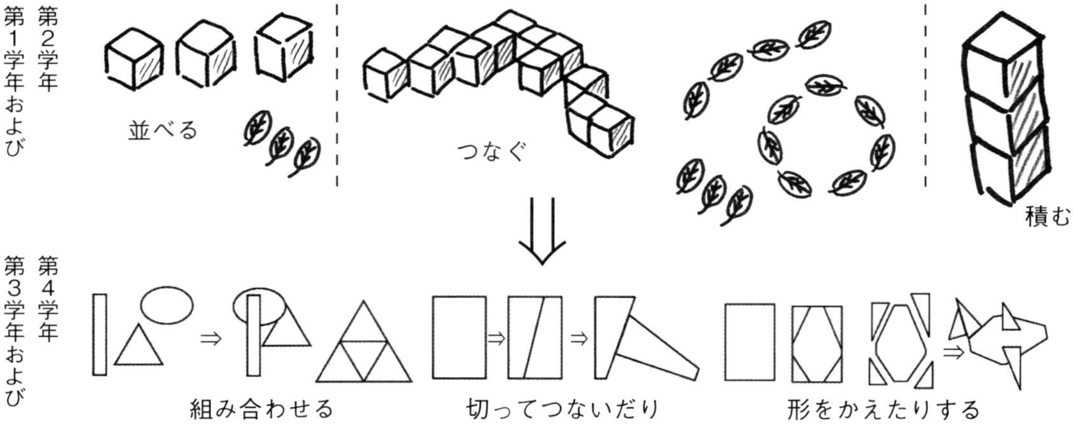

（5）絵や立体，工作に表す活動について

イの学習は，作品を作ります。先生が授業前に絵などの構図を考えて，それを上手くつくりあげる授業ではありません。表4（下記） 4 を見て下さい。低学年では，「感じたこと」「想像したこと」が重視されます。表したいことは，授業の過程で「見付ける」ように考えられています。つまり先生が「どう感じましたか」と質問したり，子ども自身が想像を楽しめる題材で作品作りをすることが期待されるのです。

表4　絵や立体，工作に表す活動の学年段階と3つの資質・能力の成長・発達（アンダーライン筆者）

	イの学習		〔第１学年及び第２学年〕	〔第３学年及び第４学年〕	〔第５学年及び第６学年〕
4	思考力，判断力，表現力等		イ　絵や立体，工作に表す活動を通して，感じたこと，想像したことから，表したいことを見付けることや，好きな形や色を選んだり，いろいろな形や色を考えたりしながら，どのように表すかについて考えること。	イ　絵や立体，工作に表す活動を通して，感じたこと，想像したこと，見たことから，表したいことを見付けることや，表したいことや用途などを考え，形や色，材料などを生かしながら，どのように表すかについて考えること。	イ　絵や立体，工作に表す活動を通して，感じたこと，想像したこと，見たこと，伝え合いたいことから，表したいことを見付けることや，形や色，材料の特徴，構成の美しさなどの感じ，用途などを考えながら，どのように主題を表すかについて考えること。
5	技能		イ　絵や立体，工作に表す活動を通して，身近で扱いやすい材料や用具に十分に慣れるとともに，手や体全体の感覚などを働かせ，表したいことを基に表し方を工夫して表すこと。	イ　絵や立体，工作に表す活動を通して，材料や用具を適切に扱うとともに，前学年までの材料や用具についての経験を生かし，手や体全体を十分に働かせ，表したいことに合わせて表し方を工夫して表すこと。	イ　絵や立体，工作に表す活動を通して，表現方法に応じて材料や用具を活用するとともに，前学年までの材料や用具などについての経験や技能を総合的に生かしたり，表現に適した方法などを組み合わせたりするなどして，表したいことに合わせて表し方を工夫して表すこと。
6	共通事項	知識	ア　自分の感覚や行為を通して，形や色などに気付くこと。	ア　自分の感覚や行為を通して，形や色などの感じが分かること。	ア　自分の感覚や行為を通して，形や色などの造形的な特徴を理解すること。
		思考力，判断力，表現力等	イ　形や色などを基に，自分のイメージをもつこと。	イ　形や色などの感じを基に，自分のイメージをもつこと。	イ　形や色などの造形的な特徴を基に，自分のイメージをもつこと。

第１学年および第２学年

感じたこと

想像したこと

第３学年および第４学年

見たことを描く

水彩絵の具で表現する活動

動物園でキリンを見て嬉しかった経験も，キリンと遊んだ絵として描かれていいのです。中学年で初めて，「見たこと」を絵や立体，工作にする活動がスタートします。中学年では，動物園で見て描く活動も可能です（上図）。中学年では，創造力の壁が立ちはだかりはじめます。

造形遊びで「組み合わせたり，切ってつないだり，形を変えたりする」を学びますので，新しい形や色を生み出す体験が作品づくりにも生かせていければと考えます。

題材『世界に一つしかない帽子』では子どもは，色を選んでくる力は高く，家から使いたい色の包装紙や紙袋などを持ってこれました。一方どうしても立体表現力は成長の途上なので，箱を重ねると手前が突形状になり立体になっていくという原理を支援として教えると，生かして自分らしく表現できました。発表の場で，ファッションショーをしたり，音楽を入れたパレードをすると応援する気持ちが高まり，クラスも一丸となれます。

コロナ対応の場合でも，距離をとりながら実施が可能です。子どもが集まり・つどう感動の場所を図工を通して実現していただければと考えます。

第２の内容の取扱いの共通事項では，中学年で「形の感じ，色の感じ，それらの組合せによる感じ，色の明るさなどを捉えること」とされています。赤の隣に緑を置くと目立つ色の組合せになります。また色は，混色をしない純色の段階からでも明度が違います。色をぬっているようで，明るさの表現もしているのです。水彩絵の具が導入される中学年で明度，高学年では色の鮮やかさ（彩度のこと），動き・奥行き・バランスなどを勉強すると覚えていただけばと考えます。高学年になると「伝え合いたいこと」が入ってきます。誰かを喜ばせたい，一緒に楽しみたい思いが強いのが中・高学年です。絵でも伝えたいこと，デザイン的な作品でも伝達要素が高学年で学習できます。ビー玉を転がすゲームなどではスリルが感じられることでしょう。すごろくのようなゲームだとサイコロの出た数だけ進むと○○をしなさいと，予想外の行動が指定されます。わくわく感を伝えていくことになります。

（6）鑑賞の活動について

低学年の鑑賞の対象は，自分たちの作品とされています（次頁の７をご覧下さい）。自分と友達の作品を鑑賞します。自分の見方や感じ方を広げるために行います。実は，小学校１年生は，友達自体が少ないので友達のよさを知るよい機会にもなります。自分の作品は，幼稚園・保育園・こども園などでしてきたので取り組みますが，小学校のような評価が伴うものではなかったのです。教室の後ろに貼ると子どもは興味津々で面白そうに見ています。授業では，「自分の見方や感じ方を広げること」とされているので，色々な見方で見てもらえる体験が必要になります。

さらに，材料を見ることも大切な鑑賞です。粘土を渡されて，柔らかいので色々な形ができそうだと思うのも鑑賞なのです。

中学年では，自分たちの作品に身近な美術作品，製作の過程などが加わってきます。水彩絵の具を代表として，自己が取り組む製作過程を納得するのも鑑賞です。また，「制作（オリジナルをつくる）」ではなく「製作（一般的なものづくりの意味）」の字で書かれているので，芸術性の高いものだけでなく，「こうつくるのか」と認識できるものならば何でもかまわないことになります。身近な作品結果としての美術作品と，過程としての製作の過程がセットになっています。

高学年では，我が国や諸外国の親しみのある美術作品，生活の中の造形に視野を広げます。「造形的なよさや美しさ，表現の意図や特徴，表し方の変化などについて，感じ取ったり考えたりし，自分の見方や感じ方を深めること」が鑑賞の学習の最終像です。

ピカソの《ゲルニカ》の鑑賞を６年生で行ったすぐれた授業を拝見したことがあります。先生は，ゲルニカの絵を黒板に貼り，第一感想を全員に聞かれました。次に，見つけたことを数に制限なくカードに書き上げ，その中で一番発表したい内容を１つ～２つ選んで，黒板のゲルニカの絵の近くに貼るようにされました。子どもたちは，多い子で20近く特色を発見していきました。その中から選んで黒板に貼ります。あっという間に，30以上のゲルニカ分析図が目の前に出現することになったのです。

表５　鑑賞する活動の学年段階と３つの資質・能力の成長・発達（アンダーライン筆者）

	鑑賞		〔第１学年及び第２学年〕	〔第３学年及び第４学年〕	〔第５学年及び第６学年〕
7	思考力，判断力，表現力等		ア　身の回りの作品などを鑑賞する活動を通して，自分たちの作品や身近な材料などの造形的な面白さや楽しさ，表したいこと，表し方などについて，感じ取ったり考えたりし，自分の見方や感じ方を広げること。	ア　身近にある作品などを鑑賞する活動を通して，自分たちの作品や身近な美術作品，製作の過程などの造形的なよさや面白さ，表したいこと，いろいろな表し方などについて，感じ取ったり考えたりし，自分の見方や感じ方を広げること。	ア　親しみのある作品などを鑑賞する活動を通して，自分たちの作品，我が国や諸外国の親しみのある美術作品，生活の中の造形などの造形的なよさや美しさ，表現の意図や特徴，表し方の変化などについて，感じ取ったり考えたりし，自分の見方や感じ方を深めること。
8	共通事項	知識	ア　自分の感覚や行為を通して，形や色などに気付くこと。	ア　自分の感覚や行為を通して，形や色などの感じが分かること。	ア　自分の感覚や行為を通して，形や色などに気付くこと。
		思考力，判断力，表現力等	イ　形や色などを基に，自分のイメージをもつこと。	イ　形や色などの感じを基に，自分のイメージをもつこと。	イ　形や色などを基に，自分のイメージをもつこと。

先生は丁寧に一人ひとりの書いた内容を声にして取り上げ，子どもが受け取った世界をみんなに分かるようにされました。クラス全員で作品の豊かな世界に集中していったのです。さぞかしピカソも喜んだろうと思います。何度も描き直し，検討に検討を重ねた作品なのですから。先生は，戦争の絵ということもあり，卒業旅行で広島に行った経験とつなげて，スペイン北部の町ゲルニカが無差別爆撃されたときをとりあげた反戦の絵なのだとまとめてこの授業は終わりました。授業の後で子どもの１人が，先生を追いかけてきて，「とても面白かった。でもね先生，最後のは，いらなかった」と告げたというのです。戦争の悲惨さという一つの世界観に狭くしてしまった。そこまで広げてきたピカソの豊かな作品分析体験が良かったし嬉しかったと告げたかったのかもしれません。地域の美術館などの利用も推奨されていますが，あなたならどんな豊かさの体験をねらって鑑賞の授業に取り組みたいですか。

（７）指導計画の作成と内容の取扱い

指導計画と内容の注意点をまとめたのが，「第３　指導計画の作成と内容の取扱い」です。大きく２つに構成されています。「１　指導計画の作成」と，「２　第２の内容の取扱いについては，次の事項に配慮する」と指導のポイントや留意事項が示された内容です。

前者の指導計画の立案での留意事項としては，（2）で「『A表現』及び『B鑑賞』の指導については相互の関連を図るようにすること。ただし，『B鑑賞』の指導については，指導の効果を高めるため必要がある場合には，児童や学校の実態に応じて，独立して行うようにすること」と鑑賞だけの授業が可能であることを示しました。2の（8）で「各学年の『B鑑賞』の指導に当たっては，児童や学校の実態に応じて，地域の美術館などを利用したり，連携を図ったりすること」ともあり，学級担任だけのソロ・ティーチャーの指導を超えて，美術館等の学芸員の協力を得るコラボレーション・ティーチャーの授業が可能になっています。

また1（4）では，「（1）のイ及び（2）のイの指導に配当する授業時数については，工作に表すことの内容に配当する授業時数が，絵や立体に表すことの内容に配当する授業時数とおよそ等しくなるように計画すること」と，純粋美術的な内容と生活に美を生かす応用美術的な内容が，偏らないように指導することと決められています。

さらに，2の（7）で「児童や学校の実態に応じて，児童が工夫して楽しめる程度の版に表す経験や焼成する経験ができるようにすること」とされています。版に表す経験とは，版画をすること。焼成する経験とは陶芸をすることという意味です。長くこの事項はあるのですが，版画はあるにしても，小学校で陶芸を学んだことがあるでしょうか。

陶芸ですが，850度で素焼き（植木鉢のような焼き物）ができあがります。1250度で，釉薬のかかったガラス質の作品が完成できます。粘土の作品の中に空気や水分が入っていると急速な膨張で作品を壊します。作品作りの際もこのことに留意し，作品ができあがると粘土の作品をよく乾かし，焼成時は，100度までは窯の扉を開けて水分を出しながら焼きます。水分が出なくなったら扉を閉めて，大体1時間に100度のペースで温度をあげていきます。500～600度までは，のぞき穴から見た景色は真っ暗ですが，それを超えると明るくなります。物質の変化のこの温度帯は，すす切れと呼ばれますが，この状況からは，勢いよく温度を上げても作品を壊しにくいのです。電気釜は，このプロセスを設定できて楽に焼けます。

最後に，コンピュータ，カメラが2の（10）で，表現や鑑賞の用具の一つとなりました。紙のパラパラ漫画風の工作がありましたが，情報機器でも試していきたいところです。造形遊びにしろ，絵や立体，工作にしろ，学校で準備態勢を整えておけば，スムーズに授業実施に移すことができます。子どもの喜ぶ顔を念頭に研鑽や授業準備をしていきたいものです。

2　評価と評価観点

（1）学習評価はどうあるべきか

学習評価をどうしていくのか。国の枠組みもしっかり知る必要がありますが，子どもの教育をあずかる教育者としては，自分自身の中に理想像をつくっていきたいものです。

評価は，入学試験などで使われることもあり，順位づけやランキングなどの発想で，成績を見てしまうことも行われがちかもしれません。子ども間（between）で比較する評価を相対評価と言います。実際には学校は「評定」（一定の基準に従って価値や等級などを決める）をしています。一人ひとりの学習を見て，基準から評価をつけます。これは，絶対評価と呼ばれます。能力の基準を数字で表すと，それを平均した評定平均値で子どもを位置づけることが行われています。こうなると相対性を帯びてきます。

一方，その子がどのように学ぶことができるようになったか，その子の成長の姿を重視して，その子の学力の推移（within）を見ていく重要性も指摘されています。保護者への説明責任としても達成の妥当性・厳密性だけでなく，いかに学ぼうとしたのか，指導しようとしたか，信頼を得る上でもその子の学びの過程である形成的評価が重要になります。

ここで一番大切にしたいのは，子どもの学習支援のための評価であるということです。評価結果をもらうとがっかりして一層学ばなくなるようでは逆効果と言えるでしょう。数字だけではなく，言葉での評価が重要です。言葉と言っても絵やそのほかの作品でも，よかっただけでは分かりません。どこを工夫して，どのような世界が表現できているのかを伝える必要があり，それこそが子どもが一番喜ぶ評価と言えるでしょう。

（2）近年の評価研究

1960年代にキャロルが「もし十分な時間が与えられれば，学習者は誰もが学習課題を習得することができる」との考えを示し，ブルームはその方向での「完全習得学習（mastery learning）」を提唱し，形成的評価（formative evaluation）が著名になりました。また，評価を分類する「ブルームタキソノミー（分類学）」の研究もしました。今日的な傾向としては，アメリカで主張されたＧ・ウィギンズらの「真正の評価」「信頼できる評価」などと訳される「オーセンティックな評価（Authentic Assessment，アセスメント）が登場しています。伝統的な評価論では，細切れな知識や技能をバラバラに評価して最後に足していました。近年では，意義や意味のある子どもの行動や振る舞いや作品など，パフォーマンス（思考・判断，スキルなど）の評価が大切にされるようになりました。また，数値で示すのではなく，記述文で達成された様子を書いていくのが，ルーブリック（Rublic）です。レベルの目安を数段階に分けて記述して，どこに該当するかを判定し，達成度を見ます。現在は，考える力が重視されています。それをいかに評価するかが問われていると言えるでしょう。図画工作科では，ポートフォリオ評価と言われますが，学習過程の所産である感想文や発想や構想のファイル，スケッチブックなども評価できます。

（3）評価観点

一般的に目標を決めれば，それができたかどうか達成を評価します。つまり目標と評価は１対１の関係にあります。平成29年３月に告示された小学校の学習指導要領が，令和２年に完全実施となりそれに対応して，『「指導と評価の一体化」のための学習評価に関する参考資料小学校図画工作』（書籍の形では，東洋館出版社）が，令和２年３月に文部科学省国立教育政策研究所教育課程研究センターから示されました。

学習の目標と内容を決め，観点を示すのは学習指導要領ですが，評価は，同じ文部科学省ですが別の組織で研究され，その研究を全国で使っていく後者の文献によります。すべてが学習指導要領に書かれているわけではないことに注意してください。

図１は前述の文献のp.6，下表はp.8に示されている内容を著者がまとめた表です。「学びに向かう力，人間性等」の感性や思いやりなどは，個人内評価で示すことになりました。これまで，よい体験活動ができれば，情操教育を目標とする図画工作科は，評定に盛り込んでいましたが，方針が転換しています。

なお，記述方法では，学習の状況を評価することを踏まえて，「〜している」と書くように観点ごとのポイントで示されています。また，「内容のまとまりごとの評価規準」を作成する際の手順が示されています(pp. 27－40)。「造形遊び」(pp. 28－32)，「絵や立体，工作」(pp. 33－36)，「鑑賞」(pp. 37－40) ですのでぜひ参考にしてください。

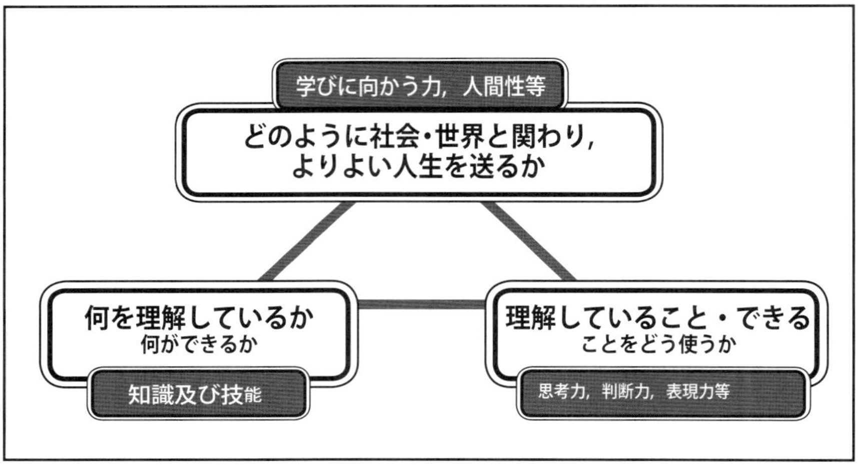

図１　平成29年改訂学習指導要領の三つの柱の理解

表６　学習指導要領の３観点と評価観との相互関係と相違点

	学習指導要領の目標と内容の観点	評価規準の観点	目標と評価の表記上の相違点
1	知識及び技能	知識・技能	「及び」が，「・」に
2	思考力，判断力，表現力等	思考・判断・表現	「力」がなくなっている
3	学びに向かう力，人間性等	主体的に学習に取り組む態度	感性や思いやりなどは，個人内評価へ

（村田利裕）

Ⅷ

指導計画の立案

—計画を交流して，相互のコミュニケーションをはかる—

キーコンセプト

●授業の準備が大切（指導計画はその一部）　●指導案の基本となるスタイルの習得　●発問・指導言・展開の工夫　●教育現場分析：事実の取り上げと解釈（自分の考え）の表明をワンセットにすることを心がける

1 授業を準備する

「仕事は準備８割，本番２割」とよく言われます。

以前は実践力を育てるのは教育実習だけでしたが，現在はインターンシップ（教職の現場体験）や学校でのボランティア活動などができるようになり，先生方がいかに教育実践を準備しているのか，学校の内側からも学ぶことができるようになりました。教育実践を準備するにはかなりの総合力が必要とされており，その現場をぜひ一度体験してみてください。

指導計画もその準備の一つで，計画は公的に公開されることになります。クラス担任は１年間，学校としては６年間といったスパンを念頭に，子どもを育てていく計画を示します。小中一貫教育では９年間の計画が必要です。教育が，計画的な行為と言われる所以です。外から見ると，先生の教える姿ばかりに目がいきますが，時間をかけて本来の目標とする資質・能力を育てようとしています。授業で扱う用具・材料は計画的に購入します。また，自然の材料を集めてきたり，身近な材料を選んでこさせることでも意欲がわきます。また，プールが使える時期では，浮かべて遊ぶものを図工で作って生活科で遊べます。さらに，地域の体験学習も可能です。授業相互の関係をみて，子どもの興味・関心が高まるよう工夫しましょう。

小学校では，１年生から６年生までの「年次」を追った教育計画のことを年次計画と言います。代表的なものに学習指導要領があります。また，小・中連携の小中一貫校や義務教育学校では，９年間を見通した年次計画が必要です。１年間の教育計画は，年間計画と言います。小学校は，週案や月案も大切にされています。教育研究や教育実習で活躍するのは題材の指導計画（指導案）です。一つの授業を計画したものです。

教育現場での研究授業では，指導についての考え方や指導法の工夫などを見てもらうために，指導案を書きます。教育実習生は，指導資格である教員免許状の取得前ですので，本当に指導ができるのか指導能力が問われています。「子どもが見えていない」「指導内容のポイントが理解できていない」「指導の具体化がされていない」など，指導案を見ながら評価を受けることがあります。よい指導を考えて（構想して）審査をクリアしようと思って関心を高めてほしいと思います。

ここで審査という言葉を使っていますが，法令的に審査の必要があるというわけではありません。しかし，「書き直した方が良い」と何度もアドバイスを受ける場合があるのです。授業の分析能力が問われているので，説得できる文章量の不足や，子どもの発達や教材（学習）の理解不足，指導方法の具体化の不足が指摘されていることが多いです。注）

このように教育現場では，授業の基本設計能力として，授業計画の作成スキルが必要になります。指導案の場合は，題材（単元）の計画を交流して，相互のコミュニケーションを図る必要性から取り組まれています。ですので，ただ書けばよいというわけではありません。授業者のアピールが読み手（実習生なら担任の先生，現場の先生ならば研究授業に来られる先生）に伝わりやすいように，さらに指導案の妥当性に説得力があるように書かれている必要があります。この章では指導案の基本構成を知り，自らの実践の特性や工夫を明らかにする指導計画が立案できるようになりたいものです。

注）授業思考の方法：授業観察の気付きも生かして，子どもの動きや考え・思い・感じ方や興味・関心の動向を想像し，子どもの活動のスタート・発展・深化を考えます。

2　指導案の作成（基本スタイル）

（1）指導案は大きくは２つの部分で成り立つ計画

指導案は，一つの題材をいかに教えるのかを示した計画です。授業計画と呼ばれることもあります。多くの教科では，学習のまとまりのことを単元と呼んでいますが，図画工作と音楽は題材と言っています。英語の Unit を別々の言葉で訳しています。

この指導案（授業計画）ですが，大きくは２つの部分で成り立っている計画です。前半が，実施を予定している授業の全体的な計画，後半が当該授業の細かい検討です。45 分 1 回で終わる場合はこのようにする必要性は少ないですが，一つの題材でも 3 回から 4，5 回で勉強を進めていくことが多いものです。題材の全体計画や，全体を通して共通する子ども・教材・指導方法の特性が前半で分析され，後半でその中でも当該実施日の部分が細かく分析されます。「指導案を書いてくるように」と言われたら，どうしたらよいだろうと迷うものです。指導案は，構成的にはとてもシンプルです。この 2 部構成のレポートを要求されているのだと思ってください。

計画のボリュームですが，細部にまでわたって十分な検討をする「細案」と，省略して書く「略案」があります。教育実習生は，指導力の審査をする必要性から「細案」が要求されます。実際のボリュームですが，「細案」は，7 頁以上になります。経験者でもこれを書き上げることは容易ではありません。初めての指導案は，早くから取りかかる必要があります。

（2）指導案立案に影響する活動

計画そのものの基本スタイルもありますが，それを支える取り組み方も押さえていく必要があります。以下の①～⑦点が指導案作成の準備過程です。

表１　指導案作成の準備過程（→は，概ねの取り組んでいく順番を示します。）

① しっかりと教科書を読み込み，学習のポイント・重点事項を把握します。
↓
② 教材（題材）の試行（例：簡単に，描いてみる・つくってみる）をします。
↓
③ 指導法の事例として，指導書などを読みます。
↓
④ 材料・用具や題材の細部にわたって理解や試作をします。
↓
⑤ 板書の準備，提示物・視覚資料の準備をします。
↓
⑥ 指導計画を立案（書く）します。
↓
⑦ 模擬授業をしてみて実践できるか仕上げていきます。

①から⑦は前後したり，一緒になされる場合もあります。ワープロソフトを立ち上げて書こうと思っても，何を書いたらよいか分からないと焦ってしまうことがあります。まずはアクションを起こして（①〜⑤），指導案を書き上げていこうととらえていただければと思います。

（３）指導案の全体構成

指導案は，大きく２つの部分でできていることをみました。では前半の授業全体の計画はどういう内容が盛り込まれるのでしょうか。前半は，授業の条件である５Ｗ１Ｈを書きます。授業が，「いつ・どこで・誰が／誰に・なぜ・どんな授業をするのか？」を明確にするのです。いつ授業するのか（時，When），どこで行うのか（場所，Where），誰が・誰を教えるのか（Who）が先頭に来ます。

何を（What）の内容は「目標（３要素)」と「教育の３要素（3Factors，以下3Fと略す)」でそれぞれ書きます。後者は，児童観，教材観，指導観です。次に大きく配当時間の構成を書いた題材の計画（Plan）を盛り込みます。これらが，何を（What）と，どのように（How）にあたります。重なるところもありますが，5W1H3F1Pが盛り込まれるとご理解いただければと思います。

後半は，当該授業時間の45分で3Fをいかに指導するのか学習プロセスを予想した細かい時間計画を書きます。

（４）指導案（細案）を書いていこう

順に「細案」の書き方を説明します。指導案の基本となるスタイルは表２(pp.125−126）です。

１）指導案のタイトル

まず，指導案のタイトルを書きましょう。先頭部分に，センタリングで「図画工作科学習指導案（図画工作科学習指導計画)」と書き，その下に，授業者の名前を右詰で書きます。実習生の方は，指導教員名がその下に来ます。実施までの時間は無限にあるわけではありません。フォームのデザインを凝るよりも内容で勝負と思って，この形で書いてみてください。

2）実施授業の基本情報

次に，日時，学年•組，場所を書きましょう。基本情報は簡単なようですが，実施時期(季節•校時)，学習者の年齢発達の実情，クラスの個性の違い，指導者の違いが，教育実践に大きな影響力を持っています。例えば屋外で行う砂場の造形遊びを実施する場合，6月の梅雨の時期や12月などの寒い季節に計画することはありません。晴れていやすく外に出るだけで楽しめる時期の選択を行います。ぜひ，実施を念頭において時期を書いて下さい。説明していても練習で書いている学生さんで，1学期の学習を越えて7月25日に実施と書いている方が3割ほどおられたクラスがありました。夏休みも視野に入らなかったというのは笑っていられないところです。実態理解の意識を高めるには，学校ボランティアへ行かれるのがよいと思われます。

3）題材名

次に，題材名(単元名)を書きます。授業を一口に要約した授業のタイトルですので，コピーライターになったように気持ちで，子どもに伝えて一度で興味を持ってもらえるように，大切なポイントを工夫して書きましょう。

4）目標について

学習目標は，何をどこまで学習するのかを書きます。学習目標の3観点は学習指導要領に準拠して，【知識及び技能】，【思考力，判断力，表現力等】，【学びに向かう力，人間性等】とします。(前回の評価4観点は，【造形への関心・意欲・態度】，【発想や構想の能力】，【創造的な技能】でした。)よい授業になると，目標の範囲を成果が超えていく場合があり，予想外の多くの成果や課題が生じることがあります。しっかり目標と評価を定めておくと，教育現場でしか起こらない嬉しい誤算が実感されます。

5）題材について

①**児童観を書く（3要因分析法)**

子どもの実態を分析しましょう。児童観の観の字は，フィロソフィーの意味で，教師のとらえる発達像から，その学習の必要性を主張するわけです。教育実践をいかに積み上げ，どこへ向かおうとしているのかを述べます。子どもの学習の「実績主義」の手法で書いてみることがよく行われています。ここでは筆者が，3要素分析法と呼んでいる方法をご紹介します。

第1要素は，クラスの発達の状況（個人，クラスなど）の分析です。毎日の生活場面での活動から，子どもの心や態度，学力の状況を省察します。なぜこの授業をする必要があるのか，クラスの雰囲気や実施日まで努力してきた成長の姿を書いていきます。「4月には○○の思いで△△に取り組んできた。その反応は□□であった。◎◎ととらえている（解釈しているの意味)。」のように書きます。筆者は，「事実ー解釈」文と呼んでいますが，実践の成果を述べた後で，実践の意味をいかにとらえているか，自分はいかに解釈しているしているかパックにして記述し，子どもの発達の姿を明確にするように努力して下さい。

第2の要素は，教科の系統性の観点です。4月から実施日まで，どのような取り組んできたか。また，それをいかに見ているのかを書きます。

第３要素は，指導者が目指す成長・発達の目標・願いの分析です。クラスがどのように成長・発達すべきか指導者の見解を書きます。「子どもの成長・発達の姿」，「教師の願い」，「○○のようなクラスにしたいと思っている」と発達像を明確にします。

② 教材観を書く

次に教材観を書きましょう。教材観とは，図画工作の学習内容についての分析です。これも３要素分析法で書いてみましょう。

第１の要素として文頭に，「学習の定義文」を書きます。「学習の定義文」は，その授業を一口に「総括した文章」です。短い文章を心がけて下さい。例を挙げると，「この授業は，体全体を使った砂場の造形遊びである」「新聞紙を丸めたり，切ったりしながら，教室全体に広げていく造形遊びである」というように学習のまとめを書きます。指導案から授業の概括が迅速に理解できるようにすることを目指してほしいと述べてきましたが，木と森の関係で言えば，「森」に当たる分析です。読者にどんな授業になのか大きく示し，題材の主旨を絞り込んで提示する働きがあります。

第２に，必ず踏まえなければいけないのが「学習指導要領」です。学習指導要領のどこに該当するのかその部分を抜き書きするなど明示するようにして下さい。

第３が「教材分析」です。教材観では教材選択の理由を明確にし，図画工作の学習の「本質」や「意義」，題材の「魅力」と「可能性」について，徹底的に分析します。「学習の定義文」で書いた内容の授業について，「学習選択の必然性・妥当性」「なぜ，その学習が必要であるか」「学習の意義は何か？」「学習の特色（特性）は何か？」「学習のポイントとなるところはどこか？」などをアピールして下さい。

分析は，読み手に学習材がありありと見えてくるように書き進める必要があります。この努力は，指導者自身の認識を深めることにもつながっていくでしょう。

実際には子どもが，材料を手にしている楽しんでいる様子や，表現主題を深める様子など，「このように活動するだろう」とイメージして記述すると実態がつかみやすくなります。複数の児童の様子を想像して，個性や個人的差異の実像を洞察しましょう。

当然，教材価値については，指導者が教材をいかに見ているかという「解釈」を含みます。教材をつかまえるフィロソフィーと言えるでしょう。

③ 指導観を書く

次に指導観を書きます。指導の工夫，子どもへの題材を投げかける基本的なストラテジー（Strategy，方略）を書きます。学習指導上の工夫（学習課題の困難な点，その克服の方策）や学習過程（段階）を予想し，計画します。p.132のように横に時系列で並べてまとめる方法も分かりやすいです。１人ひとりの指導者独自の工夫が盛り込まれてよいのです。取り組みがいのあるところです。

６）題材の計画

学習の時間配分を書きます。当該時間がどこに当たるのか必ず明記します。全体時間と○次など段階で示します。

7）本時の展開―学びと指導過程の分析―

縦横の表にして，縦は時系列で，学びの過程を明確にします。縦の時系列では，導入－展開－まとめの３段階か，どれかを細かくして４段階に分析します。横方向では，３要素で分析します。児童の学びを左に置いて，学習主体であることを意識します。先生が教えたいというように指導フローだけを書く方法が指定されていたら，別紙を用意して，子どもの反応を具体的に予想しておくと，よい発問を生み出すきっかけになります。

８）準備物について

教師，子どもに分けて準備物を述べます。野外で活動する場合は，帽子や体操服なども必要となります。

９）板書計画

よく，板書は使いませんという実習生や先生がおられます。視覚的な提示は，必ず効果を上げるので工夫してみてください。小学校の板書は，途中で消さずに，次々足していき最後にその授業のまとめが子どもの目の前に現れるようにします。子どもの意見を取り上げて盛り込む場所を計画したり,「感じたことを発表しよう」と言って先生の指さしのターゲットとなるハートを貼り付けたり，はさみの使い方などでは，説明図を提示することも考えてみたいものです。運動場では，白板を持ち出すと視覚効果が高まります。広い場所であればあるほど視覚的な提示効果をねらいたいものです。

10）教室環境分析

授業が終われば，必ず授業後の反省会を開催します。そこで,「○○の子どもがこうしていたけれど……」と参観者が指摘しやすいように，配置（座席など）を明確にします。個人情報が書かれるので，印刷機にかけるとき原稿が残ったりしないように気をつけます。

11）評価

公教育では，文部科学省の国立政策研究所の評価資料の観点を使います。評価の観点は,【知識・技能】,【思考・判断・表現】,【主体的に学習に取り組む態度】です。

（5）指導案を書く基本姿勢

①ポイント１：指導案の文章は,「短文主義」で

重文や複文など，複雑な文章構造で記述すると，理解するのにかなり時間がかかります。「いかなる内容を，どのような授業としていきたいのか」が一読しただけでは分かるように書きます。つかみやすい，読み進めやすい文章にするために，一度長い文章を書いたとしても，２つや３つに切り分け，読みやすい「短文主義」を心がけたいものです。

②ポイント２：語句選びが重要

行動を伴う授業では,「作業はじめ」と言ってしまいがちです。ところが，図画工作科は，表現教科なので，単なる作業ではないというのが図画工作科の公式見解です。生活科や総合的学習の時間，理科や家庭科などの作業とは異なるという考え方なのです。つまり，あらゆる学

習活動を作業と一括りにしないことが大切です。

もし,「作業する」と使いたくなったら,「表現する」,「描く」,「つくる」,「活動する」,「学習する」,「学ぶ」と,具体的に何を指すのかが分かる用語に置き直しが可能か検討してください。

また,「自由に○○させる」や「作品」などの用語も思わず使ってしまいます。図画工作科は,すべての学習で自由にします。「自由に」と書くと分析したことにならない場合が大半です。描くのか,つくるのか,感じたことを大切にして探っていくのかなど,具体化して書いていってください。

表2　基本となるスタイル

図画工作科学習指導案

指導者（所属）○○○○
（Ｔ１，Ｔ２と書いて明記する場合があります）
（指導担当教員○○○○ ）

1　日時　○○○○年○月○日○時間目
2　学年・組　第○学年○組全○○名
3　場所　○○図画工作室（第○学年○組教室，体育館，グランド，砂場などがあります。）
4　題材名　（←音楽と図画工作は単元名とは言いません）
「キラキラ　ふわふわ」「すなやつちとなかよし」「ねんどをつなげてつなげて」など
5　題材の目標
（１）………（知識及び技能）
（２）………（思考力，判断力，表現力等）
（３）………（学びに向かう力，人間性等）
6　題材について
（１）児童観　３要素を必ず含むように書いてください。（「第１要素○○○」とは書きません）
第１要素　クラスの発達の状況
第２要素　図画工作で取り組んできた実績からみた発達の実情と発達課題
第３要素　指導者が目指す発達の姿，指導者が，育てたい資質・能力
（２）教材観　３要素を必ず書きます。
第１要素　教材のまとめ（学習定義文）を最初に書きます。
例：この学習は，○○の学習である。
第２要素　学習指導要領のどこに該当するかを明記します。
第３要素　題材の意義，題材設定の理由，教材の学習特性，学習のポイントなどの分析，なぜその学習をするのか，その教材を選択した理由は何かなどを明らかにします。子どもが，どのように活動できるのか，予想を書きます。
Ａの場合，Ｂの場合，Ｃの場合。
（３）指導観
指導方法の工夫を書きます。
7　指導計画　（全○○時間　下の場合，合計３時間です。）
第一次○○○○…１時間
第二次○○○○…２時間（本時○／○と書きます。分母に総時間，分子に当該時間です。全体の時間のどこに当たるのかを書きます。）
□評価を重視した場合，次の表のような形式が使われることがあります。

段階	時間	学習内容	評価の観点・評価規準	評価方法

8　**本時の学習**

（1）本時の目標

（2）本時について

例：本時の学習は，○○である。…………………。

（3）本時の展開

形式上は，縦横３要因で書きます。縦の展開の段階は，４要因で書くと実態に近いです。

時間	児童（子ども）の活動	指導者の活動	準備物・資料等，■評価等
導入○分	1．……………………………… 「子どもの言葉，応答予想を書く」 学習活動１ 2．	「指導言を書く」	
展開○分	学習活動２		
まとめ○分	学習活動３		

9　**準備事項**

指導者：

子ども：

10　**板書計画**

黒板（電子黒板）

11　**教室環境**

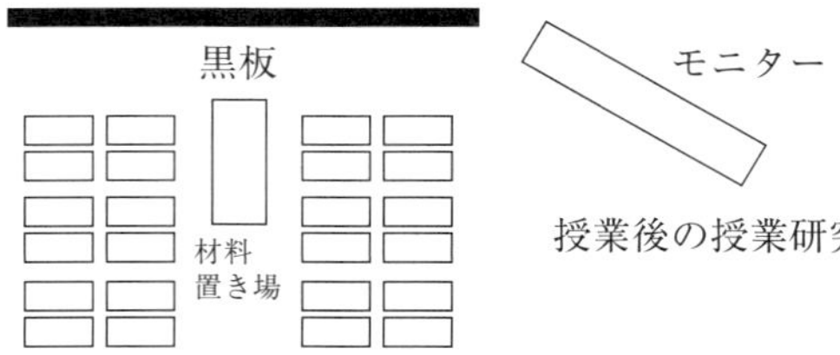

授業後の授業研究会でも使われます。

12　**評価**　　文科省の評価観点で表記します。

（1）………【知識・技能】

（2）………【思考・判断・表現】

（3）………【主体的に学習に取り組む態度】

（村田利裕）

3　指導案細案（事例）「キラキラ ふわふわ」

タイトルはセンタリング

図画工作科学習指導案

指導者　○○○○

指導者名は右詰め

1　日時　　○○○○年11月○○日第2・3校時
2　学年・組　第1学年　○組　○○名
3　場所　　運動場
4　題材名　「キラキラ ふわふわ―かぜや くうきを つかまえよう！―」（造形遊び）
5　題材の目標

（1）・自分の感覚や行為を通して，運動場など空間（環境）を流れる風や大きな空気のボリューム（量）から生まれる形や色などに気づくこと

（知識及び技能，知識（共通事項））

・「キラキラ ふわふわ」の造形遊びの活動を通して，身近な「とうめいテープ」や「とうめいシート」などの材料に十分に慣れるとともに，手や体全体の感覚などを働かせ，新たな形や色をつかまえる活動を工夫してつくること。

（知識及び技能，技能）

（2）・風や大きなボリュームの空気などによって材料が生み出す形や色などを基に，風の振る舞いや大きさについて自分の空間（環境）のイメージをもつこと。

（思考力・判断力・表現力等）（共通事項）

・「キラキラ ふわふわ」の造形遊びをする活動を通して，運動場の空間（環境）に数々生まれてくる材料の形や色などを基に造形活動を思いつくことや，感覚や気持ちを生かしながら，どのように活動にするかについて考えること。

（思考力・判断力・表現力等）

・身の回りの空間（環境）を鑑賞する活動を通して，身近な材料などの生み出す造形的な面白さや楽しさ，表したいこと，表し方などについて，感じ取ったり考えたりし，空間（環境）への自分の見方や感じ方を広げること。

（思考力・判断力・表現力等）－鑑賞－

（3）・風や大きなボリュームの空気と一体感を感じる楽しい活動に取り組み，空間（環境）に関わる喜びを味わうとともに，感性的な見方から身近にある大きな空間（環境）の中の形や色などと関わり，楽しい生活を工夫して創造しようとする基本的な態度を養う。

（学びに向かう力，人間性等）

6 題材について

（1）児童観

本学級の児童は，自分の感じたことや思ったことを話す活動や，友達とともに学ぶ活動に楽しく取り組んでいます。入学当初から１年生では，読み書きや数の計算など，どうしても基本となる知識や技能が児童の前に立ちはだかっているところがあります。幼稚園や保育園などでは，保育室にいるときも園庭に出たときも，自分の思いを持ち体全体で関わりながら力強く生活してきたと思われます。そこまで育ってきた心の大きなエネルギーが小学校で失われないよう，できれば一層小学校らしく体全体で自分らしい感じる力を大きく発展させていけるようでありたいと考えています。

４月の１年生のスタートカリキュラム「がっこうたんけん」では，自分たちの教室を出て「学校ってどんなところかな」とワクワクして見て回り，「なにを　かんじたかな」で学校を歩いて感じたことや見つけたことを発表しました。「よろしく　ともだち」では，あまり話さない友達３人に自分の名前と好きな色を交換しました。恥ずかしそうでしたが，嬉しそうでもありました。入学して間もない緊張感のある心をクラス活動でほぐしていきました。このように教室を出て行動する機会が増える体験型の授業に取り組み，自分を起点に主体的に感じ考える活動を増やし，ややもすると一人でいたり同じ保育園や幼稚園同士の友達で遊んだりする小さな関係から，新しい友達づくりへと発展させていく実践が必要だと考えました。

６月後半には体育のプール開きから水泳が始まります。水に関わり友達と楽しく全身活動ができることを目指しました。アザラシ遊びは，顔を水面から出してプールの底に両手をついて進みます。イルカ遊びは，ジャンプして進む活動です。また顔をつける活動でもみんなで喜び合えるようになりました。これらの活動では，自分自身で全身を使おうとする思いを大切にしました。子どもたちは，楽しく水（環境）につながりを持ち，水と友達になっていきましたが，クラスのみんなで喜び合える仲間意識も育ちました。９月後半には，「虫となかよし」で，教室を出て友達と一緒に虫を見つけたり，仲よく遊んだりしながら，世話する活動を行いました。この学習の後，ダンゴ虫と自分たちが登場する絵を友達同士で楽しそうに描き合う姿が教室で見られました。表現する行為が，大切な行動と位置づけてきました。

10月には運動会で，運動場いっぱいの活動にチャレンジしました。特にダンスはお気に入りになり，自分たちで自主的に練習をしました。昼休みも忘れるほどにみんなで声をかけ合い練習に打ち込みました。道半ばですが体全体の表現を生かして生活する活動範囲を一層広くし，友達と親しくなって自他の高い垣根をとりはらい，関わりを広げ，刺激し合い高め合う仲間となっていく実践を積み上げてきました。

図画工作では，４月に絵に表す「かきたい　もの　なあに」の中の「おひさま　にこにこ」から始めました。担任には，にこにこして生活していってほしいという願いに似た思いがありましたが，それぞれの面白いなと思う笑顔を想像させ，自分しか描けない楽しい世界をみんなに見てもらおうと導入しました。パスを中心に使い，動物や昆虫や虹や雲など，自分で色々なものを盛り込む楽しさを味わいました。背景は，パスの色の感じが生き，好きな色の世界になるように，はじき絵の要領で水彩絵の具の色を上から全体に塗って仕上げました。５月には「よろしく　ともだち」で，友達と一緒に紐状の粘土を作る題材「ひもひも　ねんど」を行いました。大好きな粘土を手のひらや平な面を使って「ひも」をつくります。そのできあがったひもから受けるイメージをもとに，つくりたいものをつくっていきました。今まで気づかなかった形や面白い形に，発想が膨らみ，新しい友達に見てもらう機会もつくりました。6月になると，生活科で育てたアサガオがずいぶん大きくなり，アサガオの花や葉を使って，染め付けの色水遊びを行いました。

図画工作の授業は，生活科と同様に，いやそれ以上に，あらゆる子どもに自分の感じたことをスタートラインとして学び，行動させてくれる機会を与えることができます。これまでの学習では，教室で子どもは手元の空間での「かたちやいろ」の図画工作の学習を積み重ねてきましたが，外の環境でもっと思う存分に体全体で関わる学習が必要だと考えていました。自然環境は，毎日児童に見つめられ眺められているものですが，自分を超える大きな存在と体全体で関われたら良い機会になるのではないかと考えました。そこで，本題材「キラキラ ふわふわ―かぜや くうきを つかまえよう！―」を取り上げ，目には見えないけれど，運動場に広がる空気とそこをダイナミックに流れる風と関わる学習を行うことにしました。1年生の児童の生活を支えているのは，本当の意味で体全体をベースにした感性の成長だととらえ，身体と環境が大きくつながる体験ができればと期待しています。

（2）教材観

本題材「キラキラ ふわふわ」は，体全体を使って，流れる風や大きなボリュームの空気をつかまえ，空間（環境）との一体感を感じる造形遊びです。子どもたちはどうすればよいか，自分でつかまえる方法を考えますが，その後で，実際に感じる材料としてポリエチレン薄膜シート（以後ポリシートと略す）とポリエチレンテープ（以後ポリテープと略す）を使って，風の流れや大きな空気のボリュームを感じます。運動場や体育館など，空気などを内に秘めた空間（環境）は色々なところに存在しますが，大人たちはあまり意識することなく暮らしています。一方，子どもたちは，毎日歩いて学校に通ってきています。かなり遠くの子どももいますが，環境の中の空間を感じながら生きているのです。登下校で通ってくる道。そこに生える花や草，季節に変化する田園や河川・堤防。それら様々なものを包み込んでしまう空。そこには流れる雲や太陽の光を受けて，空の色は刻々色を変え，あるときはどんな画家も描けないドラマチックとも言える夕日を見て生活しています。本題材は，感性に訴えるオブジェクトをこのような環境の空間に持ち込むことで，「大きな空間」「大きな空気のボリューム」「風（空気の流れ）」を体全体で十分に感じていきたいと考えます。

この題材は，「A表現」の造形遊びの学習です。「知識」では，共通事項に「ア　自分の感覚や行為を通して，形や色などに気づくこと」とされており，子どもは運動場に出て，歩いたり走ったりしながらつかまえる風や空気の姿を体全体で気づこうとします。発想や構想の側面では，「ア　造形遊びをする活動を通して，身近な自然物や人工の材料の形や色などを基に造形的な活動を思いつくことや，感覚や気持ちを生かしながら，どのように活動するかについて考えること」，技能の側面では，「ア　造形遊びをする活動を通して，身近で扱いや

すい材料や用具に十分に慣れるとともに，並べたり，つないだり，積んだりするなど手や体全体の感覚などを働かせ，活動を工夫してつくること」に関わる学習です。特に，空間（環境）に流れる風や大きな空気のボリュームを体全体の感覚を十分働かせて感じ取る，空間とつながる感覚体験を重視しています。

まず，「風や空気をつかまえよう！」となげかけ，風や空気をつかまえるにはどうすればよいか子ども自身で発想させたいと考えます。アイデアを出させたり，実際に運動場に出ていって体全体で試しながら発想をさせたいと考えます。体育科では，身体能力に関わらせて運動場に出ています。図画工作科では，空間の存在に気づいたり，遊び心や感覚をオープンにする活動として関わらせたいと思います。

次に，「キラキラシート」を用いた活動です。第１は，ポリシート（900 × 100 × 0.01mm）を２人一組ペアで持って空気をつかんでみる活動で，「とうめいシートでつかまえよう」です。２人で広げてみると，すでにシートは，十分に薄く軽いので風や持ち手の動きに反応しだしています。シートは，空間の中を流れる風や空気に応答し，ボリュームだけではなく力が多様に働くので，子どもたちは，体全体で応えていくことになります。日頃の図画工作では，画用紙や粘土で扱う程度の目の前の空間を学びの対象にしています。今回の「とうめいシート」で扱う空気や風のボリュームは，子どもたちの何倍も大きなものです。風は止まることを知らず，刻々と形を変えていきます。自分たちで揺らすこともできますが，風はあるときはそよそよと，あるときは大きく引っ張っていく力として目の前に現れます。刻々変化する運動場という大きな空間で，十分な活動ができればと思っています。

ポイントとなる点としては，まず，２人で「持ってみる」ことが大切です。小さな微妙な流れでも「とうめいシート」は反応しています。心を静めて見てみると，２人で同じ姿を見ているので，「こんなふうになっているね」と同じものを見た思いが起こります。この持つ体験を基本体験１とします。

２つ目は，つかもうというと手を大きく振ったりして動かすと思ってしまいますが，実際には大きな力で振り回したりしなくてもよい点です。大きなフィルムを両手で広げ，「下げて−上げて」とするとすでに空気が取り込まれて，抵抗を感じます。「ゆっくりと近づいて」いくと，シートにゆとりができて，その中に大きなボリュームの空気がつかまります。シートをしっかり持って，足を使ってゆっくりと前進すればつかまり始めます。これを基本体験２とします。お互いがタイミングを合わせると，一層球のようなボリュームをつかまえることもできます。この２つの基本体験を基礎にして，自分たちで様々に工夫していきます。

例えば，動かし方や持ち方などを工夫してみると，形を変えた波が伝わってくる活動となります。どうすれば大きく面白い形の空気が捕まえられるのか，子ども自身で工夫させたいと考えています。Ａのペアは，大波を起こしたり，両手で波を起こすと途中で合成された違った形の波ができ，それを楽しむかもしれません。Ｂのペアは，走って帆掛け船のような形にして大きな力がかかるのを楽しむかもしれません。Ｃのペアは，地面すれすれにシートを下げてきて，地面の近くの微妙な風を見ようとするかもしれません。それぞれで，工夫したことは，次の時間の発表につなげていきます。

次にポリテープ（スズランテープ）でも，試してみたいと考えています。子どもも日頃目にしている荷造り紐です。浮いたりしないと思い，どうしても振り回すことが多いのですが，「ぴんと張って」がテープの基本体験１にあたります。そして「近寄って緩めてみる」が，テープの基本体験２です。基本体験２でできるテープのＳ字・Ｃ字の形を楽しんでみたいものです。大きな円弧を空に描いたと思うと，ゆったりとした空間の姿に興味がわきます。

色々な可能性を探ってよいのですが，３m以上のこのテープは，凧のように舞い上がるときがあります。風や空気の振る舞いを見ながら工夫させたいと思います。図画工作は，空間造形に関わるジャンルなので，テープの長さとその効果が関連している点は興味深いです。今回は実施しませんが，５〜６mぐらい出すと早く空に上がるようになります。かなり高く上昇します。Ａのペアは，１人が速く走ると，どうしてもテープにテンションが掛かった状態になりがちですが，早い子が止まった途端，大きなＣの形になっていきます。それに気づいて楽しい会話がスタートするかもしれません。Ｂのペアは，凧のように上手く風を受けて，舞い上がる姿を堪能するかもしれません。普段いけない高さまで自分のものにした喜びが生まれるかもしれません。Ｃのペアは，竜だと言って，テープを使ったなりきりアートを楽しむかもしれません。何度も何度も思いつき，試していければと考えます。

実は，風は様々な状況で異なった流れ方をしています。風の姿を予想したり，次に吹くかもしれない風を待ち受けたりと，環境の中の風や空気のあり方にも注目できればと考えます。

（３）指導観

この授業は，造形遊びの学習です。体全体を使った子どもの気づきや空間への理解，体験の広がりを重視し，図１のような，基本体験と子どもたちの工夫から，子ども自身が発想

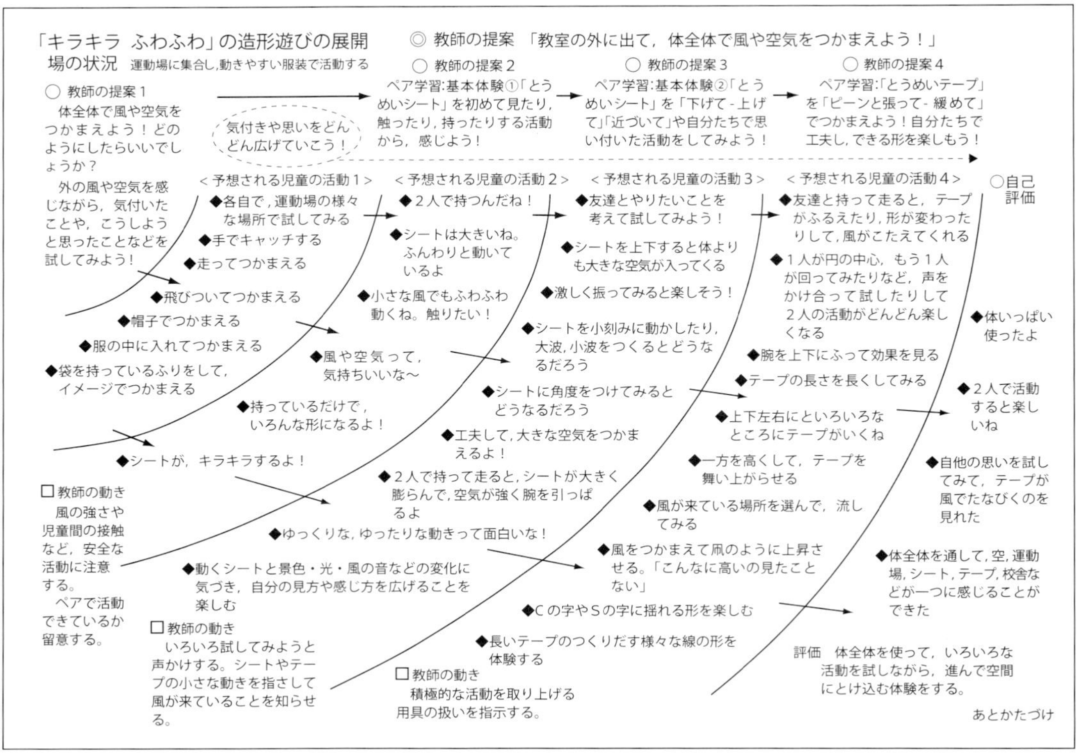

図１ 「キラキラ ふわふわ」の造形遊びの展開（場の状況）

する活動を思いつき，試す活動が繰り返されて発展していければと考えます。

まず，自分で運動場に出て，空気や風をつかまえる方法を考えさせます。「体でつかまえるにはどうしたらいいでしょうか。運動場いっぱいに使ってやってみよう！」と運動場全体を利用し，体全体を使って考えさせたいと思います。

次に「とうめいシート（ポリシート）」を紹介して，２人一組のペア学習に取り組ませます。紹介するときの工夫としては，ティーム・ティーチングで取り組んでいるので，２人の指導者でシートを広げながら高く掲げ，体育座りしている子どもの後方から頭の上をゆっくりと移動して見せていきます。身近に空気や風に反応する「とうめいシート」の様子がリアルに体験できると思われます。

また，活動中にも，環境からの様々な変化が生じているにもかかわらず，その変化に気づかないことも考えられます。「ここで風が起きている」「ここにも風が起きている」と，指導者が指さしして気づきを促していきたいと思います。

授業では，基本体験１（持って見る活動）と基本体験２（ピンと引っ張って，「上げて－下げて－近寄って」の活動）を紹介して試させます。これは，完全にこなすというのではなく，それをきっかけに自分の活動を発想する方向へ展開する手がかりと考えています。子どもが，友達と一緒に「こうしよう－ああしよう」と考えることが大切だと判断しています。

なお，走ることが考えられるので，接触事故のないよう運動場の空いている空間を広く使うように指導します。ＴＴの指導体制も活用して支援します。

7　指導計画（全２時間）

第１次　「キラキラ　ふわふわ」を体験する。　………………１時間（本時１／１）

第２次　こんなことしたよ。ためしたよ。おはなしします。つたえます。
………………１時間

8　本時の学習

（１）本時の目標

①・自分の感覚や行為を通して，運動場など空間（環境）を流れる風や大きな空気のボリューム（量），それらから生まれる形や色などに気づくこと
（知識及び技能，知識（共通事項））

・「キラキラ　ふわふわ」の造形遊びの活動を通して，身近な「とうめいテープ」や「とうめいシート」　などの材料に十分に慣れるとともに，手や体全体の感覚などを働かせ，新たな形と色をつかまえる活動を工夫してつくること。
（知識及び技能，技能）

②・風や大きなボリュームの空気などによって材料が生み出す形や色などを基に，風の振る舞いや大きさについて自分の空間（環境）のイメージを持つこと。
（思考力・判断力・表現力等）（共通事項）

・「キラキラ　ふわふわ」の造形遊びをする活動を通して，運動場の空間（環境）に数々生まれてくる材料の形や色などを基に造形活動を思いつくことや，感覚や気持ちを生かしながら，どのように活動にするかについて考えること。
（思考力・判断力・表現力等）

③・風や大きなボリュームの空気に一体感と自分の思いをよせる活動に楽しく取り組み，空間（環境）に関わる喜びを味わうとともに，感性的な見方から身近に大きな空間（環境）の中の形や色などに関わり，楽しい生活を創造しようとする基本的な態度を養う。
（学びに向かう力，人間性等）

（２）本時について

この題材は，運動場で風や大きな空気をつかまえる造形遊びの学習です。つかまえ方を体全体で発想したあと，２人一組のペア学習で取り組み，ポリシートとポリテープで生じる形や色を味わい，自分たちで工夫して大きな空気や風をつかまえる学習です。ポリシートは，「ペアの２人で肩の高さで両手を広げてピンと張る」ように一度持ってみる。また，「上げて－下げて－近寄って（上げながら，ゆっくりペアの相手の方へ近づく）」などの基本体験があります。ポリテープでも，「手を高く上げてテープをピンと張る」「ゆっくりペアの相手の方へ近づく」とＳ字やＣの字になるのを楽しむなどの基本体験があります。基本体験を試しながら，自分たちでどんどん工夫して活動を考えて広げていきます。

（３）本時の展開

時間	児童の学習活動 （予想される児童の学び・反応） s●は，クラス全体の反応	指導者の学習活動 指導上のポイント・留意点 Q：主たる発問	準備物・資料 ■評価
0分	s(挨拶係)「これから２時間目のお勉強をはじめます」 s●「はい！」（動作：礼） s●「やったー」	▼「今日は，運動場で図工をします」 ▼「どんな図工かな～」	Tは，集合場所（運動場）に前もって白板を準備。
	体全体で，風や空気をつかまえよう！		
	【身の回りにあって，感じることはできるけれど，見たりさわったりできないものを予想する】 s●予想の発表 （挙手）「はい！」「はい！」口々に「空気！」 s1「空気だと思います」 s●（同意して）「空気だ！」「空気があるよ！」 【行動】 s●深呼吸 s2「（友達に）見てみて，ほらフー。こんなふうに，空気を吸って吐いているよ」 s●挙手「はい！」「はい！」 s3「風があると思います」 s●「そうだ！風だ！風がある！」	▼Q１「広い運動場に出てきました。さて，考えてみましょう。みんなの身の回りにあって，感じることはできるけれど，見たりさわったりできないものは何でしょうか。発表しましょう！」 【子ども自身の考えを丁寧に取り上げ，クラス全体で考えていけるようにする】 ・「はい，s1さん」 ・「s1さんは，空気だと言ってくれました。皆さん，s1の意見をどう思いますか？」 ・「みんなの言うとおり，なるほどそうですね。前の授業で深呼吸しました。もう一度やってみましょう」 【行動】 深呼吸（子どもと一緒に） ・「s2さんが，空気を吸って吐いてるって教えてくれました。確かに，さわったり見たりできないものには，『空気』があります」 ・「他にもありますか？」 ・「s3さん」 ・「（木々をさして）確かに風があります」	■身の回りにあって，感じることはできるけれど，見たりさわったりできないものを考えることができたか。 ■行動することで，実感を持って空気から風などへと予想が広げられたか。
	・授業のねらいが、風をつかまえることであることを知る。	▼活動のねらいの提示 ・「今日は，体全体で風や空気をつかまえてもらいたいと思います」	

	s●めあてを読む ・「めあて：かぜやくうきをつかまえよう！」 （音読後の感想） s4「面白そう！どうやったら流れる風をつかまえることができるだろう？」 s5「大きな空気は，どうやってつかまえられるかな？」	・「運動場には風が，流れています」 ・「大きな空気もあります」 【学習のめあてを白板に提示】 ・白板にねらいを貼る（視覚化）。 ・貼って音読「めあて：かぜやくうきをつかまえよう。」 ・「さぁ読んでみましょう！」 【教師もいっしょに音読】 ・「めあて：かぜやくうきをつかまえよう！」	・白板提示用シート「めあて：かぜやくうきをつかまえよう！」 ■めあてが，持てたか。
5 分	自分なりに運動場で試してみよう！		
	s●自分なりのつかまえ方を考える。 s6「手でつかまえる」 s7「体全体でつかまえる」 s8「走って，つかまえるよ」 【運動場で自分なりの方法を試す】 s●「はい」（全員活動を始める） ・「さあ，するぞー」 ・「○○で，つかまえた」 （例：服でつかまえた） ○思いを広げて（内言） ・「手でつかまえよう」 ・「手をグルグルするぞ」 ・「速く走るとつかまえられるかな」 ○行動で試して ・ジャンプしてつかまえる。 ・袋を持っているふりをしてつかまえる。 ・運動場を走って考える。 ・友達と一緒に取り組む。	▼Q 2「風や空気をつかまえるには，どのようにしたらいいでしょうか？」 ・「s6 さん」 ・「うんうん」 ・「s7 さん」 ・「なるほど」 ・「s8 さん」 ・「それもあるかもしれません」 ◎教師の提案 1 【自分の考えや思い付いたことを大切にして，風や空気のつかまえ方を試させる】 ▼「では，自分の考えや思い付いたことを大切にして，運動場いっぱい使って試してみましょう」 ▼「運動場は，広いから３分ぐらい風や空気をつかまえます」 ・「ホイッスルが鳴ったら集まりましょう」 ▼「試したことを発表してもらいます」	■つかまえ方を考えることができたか。 ■つかまえ方を思いつき，試してみることができたか。

	・風を受けて，感じてみる時間をゆっくりととる。	▼ホイッスル「集まって！」	
	【試したつかまえ方を発表する】 s●「はい」「はい」 s9「口の中に空気を入れました」 s9「あーん」で（目の前で，口を開いて空気を吸い込む様子を行う。） s10「ぼくも，いっしょです。同じです」 s●口の中に入れてみる。 s11「帽子で，空気をつかまえました」 s11は，皆の前でしてみせる。 s12「同じです」 s13「あのー，マスクと口の間でつかまえました。この間です」（見せてくれる。） s14「手を横にやりながら走ったりすると，服の後ろ側がふわーと上がるから，その回りに空気がいっぱい入るから，服でつかまえた」（一生懸命話す。） s15「おー，ジャンパーの中に空気が入った」（他の子が気づいて発言する。）	▼「発表してもらいます。どうやってつかまえたかな？」 ・「s9さん」 ・「s9さんは，口の中に入れたんだね」 ・「s10さんもあーんしたんだね」 ・「みんなもしてみよう！」 ・「はい。s11さん」 ・「帽子でつかまえたんだね。してみせて」 ・「はい。s13さん」 ・「s13さんは，マスクと口の間でつかまえたそうです」 ・「はい。s14さん」 ・「s14さんは，服の後ろがふわーっと上がったそうです。その回りに空気がいっぱいいて，それを服でつかまえたそうです」	■つかまえ方を発表できたか。
13分	「とうめいシート」でつかまえよう！		
	【「とうめいシート」と出会う】 s●とうめいシートに注目する s16「ほんと！広いね～」 s17「両端を持つんだ～」	Q3【「とうめいシート」を提示する】 ▼材料の紹介 ・「ここに，２つの材料を用意しました。とうめいシートととうめいテープです。どんな材料でしょうか」 ・「まず，とうめいシートを見せます」 ・「幅が広いね～」 ▼「友達と持ってもらいます。試しにAちゃんと先生でしてみます。Aちゃん，その端を持って下さい」 ・「今日の学習は，このように２人１組になってペアで行います。」	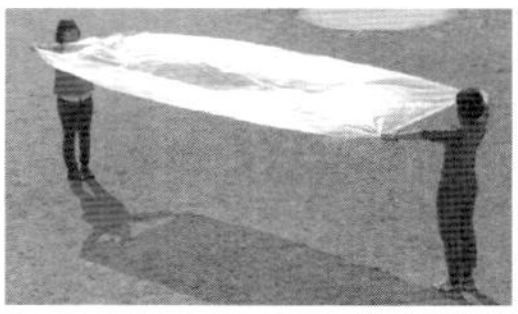 ■「とうめいシート」の特徴を見ることができたか。

	【基本体験①を知る】 s●材料と持ち方に注目する（感受） s●「２人で持つ活動だ。息を合わせて持つんだ」 s18「ふんわりとシートが動くね。わー面白い！」 s19「わー　これー！」 （頭の上をシートが，ゆっくりと通過していくのを見上げながら。） s20「大きいね！」 （思わず，手を伸ばして触ろうとする子もいる。） s●「うわー，でか！」 （複数の子の驚きの声） s21「テントみたい！」 s22「テントだ！テント！」 s23「早くしたい」	◎教師の提案２ －基本体験①－ 【「とうめいシート」を広げ，風や空気に揺れる姿を提示する】 ・「第一は，シートを持つ活動です」 ・「このように，肩の高さで手を広げて２人で持ちます」 （２人で，肩の高さでシートの両端を持ち，広げた幅は固定。） ・「どうなっているかシートを見ましょう！」 ・シートは，少したなびいている。 ▼【子どもの上をシートで通過する】 ・「みんなの近くに行って見せるね」 （T1とT2で子どもの後方から，シートが，頭の上を通過するようにして見せる。）	■ペアで活動することが理解できたか。
	【基本体験②を知る】 s24「うわー，とても大きな空気が入ってる。入ってるー，入ってるー」 s25「空気！空気！先生！分かった。大きな空気がつかまえられた」 s●「うわーい」（共通に理解が深まる） s26「あっ！大きな空気がつかまった！」 s27「トトロが，中にいるみたいだ」 s28「そうするのか！」 s29「とうめいシートを何回も振ったらどうなるのだろう？」 s30「大波にしたらどうだろう」 s●「早くやりたい！！」	◎教師の提案３ －基本体験②－ 【風や空気のとらえ方を提示する】 ・「次に，自分たちで大きな空気をつかまえにいきます。まず，シートを下にしてその後，上にしていきます。するとこうなります」（シートの上下の動きに引き込まれて，シートの中に大きな空気が入ってくる。） ・「少しずつ歩いて近づいて，空気をふっくらとつかまえましょう」 （2人が接近して，大きな空気を入れるスペースを確保している。）	■シートを肩幅で持ったまま，「下げて－上げて」「近づいて」を行って，空気をシート内に取り込む方法が理解できたか。

	【ペアで「とうめいシート」を使って流れる風や大きな空気をつかまえる活動を試す】 s●「やりたい！」 s●「やるぞ！」 【試行的活動】 ・基本体験①②を試す。 ・２人で持って走ってみる。 ・縦や横にシートの角度を変えてみる。 【経過実態】 ・大きくて色々な形の空気がつかまってくる。 ・意見や感想を言い合う。 ・「こうしよう」と声を掛け合う。	【ペアに「とうめいシート」を渡し活動させる】 ・「２つ見てもらいました。今から活動しますが，運動場いっぱい使って，２人でしっかり流れる風や大きな空気をつかまえてみてください。最初に基本体験①②を試してみて，自分たちでも，こうしてみよう！と思いついて活動しましょう」 ・「ホイッスルが鳴るまで活動します」 ・「やりたいかな」 ・「材料をもらったペアから始めましょう」 ▼ホイッスル「集まって！」	■基本体験を試しながら,自分たちで風や空気をつかまえる方法を主体的に試せたか。
２８分	「とうめいテープ」でつかまえよう！		
	【「とうめいシート」の活動の振り返り】（各自，心の中で活動を振り返る） s31「大きな空気や強い風をつかまえたよ」 s32「形が，どんどん変わっていったよ」 s33「とうめいシートが，陽に照らされて，ピカピカ光っていたよ」 s34「とうめいシートが綺麗に青空で泳いでいたよ」 s35「ペアの人と持ってたら，帆掛け船みたいになって，風が２人を引っぱってくれたよ」 s36「次の時間が，楽しみだ！」 【「とうめいテープ」（細い材料）を使って，風や空気をつかまえるにはどうしたらよいか考える】 s●「はい」（一斉に）	【「とうめいシート」の活動の振り返り】 ○複数の角度の質問を行い，様々な子どもの思いの感想がでるようにする。 ・「とうめいシートで活動しました。風や空気はつかまりましたか」 ・「こんなふうにしてみようと思い付きましたか」 ・「面白い形や色に気付きましたか」 ・「どのようにとうめいシートで活動したかは，次の時間に発表してもらいます」 ◎教師の提案４ 【「とうめいテープ」の活動の提示】 ・「次は，荷物をくくるためのとうめいテープです。これでどうやって，風や空気をつかまえられるかな」 ・「ある程度長く持ちましょう」 ・「２人が近づいてみると,<くねくね－ひょろひょろ>となります」	■主体的な取り組みや感じたこと・気付いたことなどを内言で発表しようとしたか。 ■テープの特徴や,風や空気と関わって作り出す美しさに気付いたか。

	s●「とうめいテープの形が、風を受けて面白く変わっていくね」 s●子どもの目が一斉にテープの動きに注目する。 s37「えー。風をテープでキャッチするんだ。長い線だな」 s38「風が，テープを持ち上げているよ」 【「とうめいテープ」を使って活動する】 s●「はい」（一斉） ・「とうめいテープ」の活動をする。 s39「テープを早く欲しい」 s40「テープ。楽しそう！」 s41「風が少しふいてもテープの，かたちが変わっていくよ」 s42「走らなくても，ふわふわしている」 ○行動で試して ・テープを引っ張ったり，緩めたりして，様々な強さや方向から来る風の力をとらえて，より高く上がっていくように工夫する。	▼基本体験① ・「テープを持つ活動を紹介します。テープを２人でピーンと張ります」 ・「どうなっているかな？」 ▼基本体験② ・「ゆっくりと近づきます。<くねくね－ひょろひょろ>面白い形ができました。風が，テープを持ち上げています。押してもきています」 【「とうめいテープ」の活動をさせる】 ・「はい，ではみなさん，テープの活動をやってみましょう」 ▼ホイッスル「集まって！」	 ■「とうめいテープ」の特徴を見ることができたか。 ■基本体験を試しながら，自分たちで風や空気をつかまえる方法を主体的に試せたか。 ■ただよう長いテープから，空間に高さの広がりがあることに気付き，興味・関心が向けられたか。
40分	【まとめ】 ・とうめいテープの振り返り s43「風で、凄く高くまで上がったよ!」 s44「テープでも風がつかまえられた!」 s45「楽しい！どっちも楽しい」 s46「また，できますか」 ・次時（３時間目）の活動を知る。 s●「はーい」 s(挨拶係)「これで２時間目のお勉強を終わります。ありがとうございました」 s●「ありがとうございました」 （動作：礼）	【まとめ】 ▼「とうめいテープは，どうでしたか」 ・活動の満足度を把握し，次時の活動につなげる。 ・「どんな活動ができましたか」 ・「楽しかったですか」 ・「またしましょうね」 ○次の学習活動の予告をする。 ・「次の時間は教室です」 ・「この時間の体験をグループ毎に発表してもらいます」 「はい，ありがとうございました」	■「とうめいテープ」の取り組みを楽しく思い出せたか。 ■次の学習の流れを理解し，自分たちの活動の発表に意欲が持てたか。

9 準備事項

指導者：ポリエチレンフィルム（とうめいシート）○枚，ポリエチレンテープ（とうめいテープ）○本，ハサミ，振り返りシート

子ども：運動のできる服装

10 板書計画

（持ち運べるミニ黒板）

「キラキラ ふわふわ」
ふたりでかつどう
かぜや くうきを つかまえよう
してみよう どうなるだろうをたいせつにしよう
1．キラキラシートをもつ
2．さげて－あげて－つかまえる
3．いろいろやってみよう

11 校庭環境

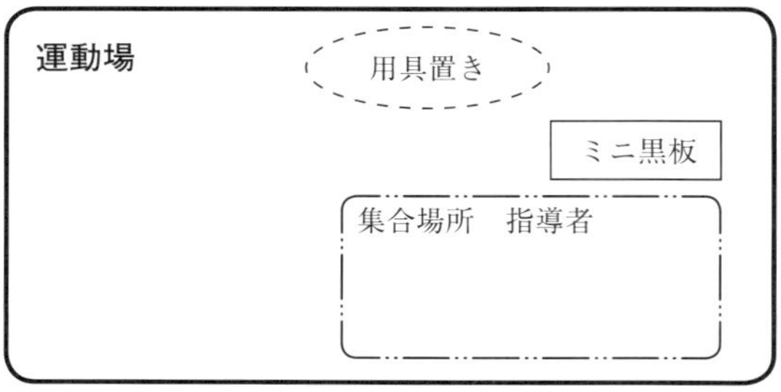

12 評価

（1）・自分の感覚や行為を通して，運動場など空間（環境）を流れる風や大きな空気のボリューム（量），それらから生まれる形や色などに気づいている。

・「キラキラ ふわふわ」の造形遊びの活動を通して，身近な「とうめいテープ」や「とうめいシート」などの材料に十分に慣れるとともに，手や体全体の感覚などを働かせ，新たな風や空気をつかまえる活動を工夫して試している。

（知識・技能）

（2）・風や大きなボリュームの空気などによって材料が生み出す形や色などを基に，風の振る舞いや大きさについて自分の空間（環境）のイメージを持っている。

・「キラキラ ふわふわ」の造形遊びをする活動を通して，運動場の空間（環境）に数々生まれてくる材料の形や色などを基に造形活動を思いつくことや，感覚や気持ちを生かしながら，どのように活動にするかについて考えている。

・身の回りの空間（環境）を鑑賞する活動を通して，身近な材料などの生み出す造形的な面白さや楽しさ，表したいこと，表し方などについて，感じ取ったり考えたりし，空間（環境）への自分の見方や感じ方を広げている。

（思考・判断・表現）

（3）・空間（環境）を流れる風や大きなボリュームの空気に触れる活動に楽しく取り組み，一体感と自分の思いをよせて取り組もうとしている。

（主体的に学習に取り組む態度）

（村田利裕・愛野良治）

Ⅸ

ステップ・バイ・ステップ方式の模擬授業

キーコンセプト

●授業づくりの楽しさを体験する ●毎回の授業で模擬授業に取り組み，実力を積み上げる（ペアから４人班，クラス全体へ） ●指導案も段階的に書き進め細案の完成力をつける ●過程での検討会がかなり有効 ●自他の指導の良さに気づく

ステップ・バイ・ステップ方式の模擬授業は，全員が模擬授業しながら，指導案も段階を追って完成する方式です。何人かで指導案を分担して執筆すると，どうしても全体を見通して書いていく力がつきません。少しずつでもよいので自分で書き進めながら，相互交流してよい点や不十分な点を修正加筆していくと総合力がついていきます。この方法は，４段階のステップを踏みながら立案力をつけ，模擬授業で検証して計画力も高めていく方法なのです（表1）。

まず，ステップ１は，指導案を書かずに模擬授業を行う取り組みです。ペア学習で行います。児童用教科書を熟読して，どのような導入にすれば子どもが興味・関心が持てるかを各自で検討し，Ａ３の紙をミニ黒板として準備します。こんな風に教えたいという教師の思いを重視しましょう。医療現場のカルテと指導案とはかなり性質が異なります。プロの教師になると，指導案の形式上の完成度よりも，教科書の読み込みや教材の準備に時間をかけていくことになります。ですので，ここで体験する指導案無しの模擬授業も将来大切になる体験なのです。

次にステップ２ですが，同じ題材の４人班で取り組みます。授業までに指導案を書いてきます。ただし，分量的には60％の完成度でかまいません。はじめに，指導案の交流会を行い，友達の指導案を読み指導案への考えを深めて模擬授業にかかります。同じ題材ですので，参考になることが多いと思われます。４人終わったら意見交流会と次回の班代表の模擬授業者を人選します。

ステップ３は，８人班で取り組みます。同じ題材の４人班２つで模擬授業を行います。２つの班の代表者が模擬授業します。実物大の黒板を使います。選ばれた班の代表者の提示物を班員全員で協力してつくります。ここまでくるとかなり指導力のレベルも上がってきています。指導案は，80～90％程度完成します。

ステップ４は，題材名が異なる模擬授業の発表会です。異なった題材でいかに導入が違ってくるのかを体験できます。

最後に，模擬授業の経験をまとめます。省察と呼びますが，気づいたことをノートにとるなど意識的に取り上げておくと，実力がついてきます。指導案の最終仕上げにも役に立つと考えられます。

実際の教育実習や教育現場の研究授業を想定して取り組むと，つかんでいくべきポイントが明確になります。安心して教育現場に行けるよう励まし合いながら取り組んで下さい。

教育実習では，指導案（細案）を書くことが求められます。全体で７ページ程度の分析作成は，山道を登る体験に近く，「少しずつ，一歩ずつ」のしっかりしたスタイルを身につけていく必要があります。同じ山を登るように思っている，ペアや４人班などで励ましながら書き進めると無理なく段階的に書いていくスタイルが身につけられます。同一題材でも，指導者によっ

て異なった見方や捉え方，指導の具体化があるという実践的な面白さに気づくことでしょう。

読者が一人で取り組む場合ですが，ステップ１では教科書を熟読し，子どもが大いに興味・関心を示す点など徐々に学習内容が摑めてきたら，導入を３～４段階にしようと自分に問いかけます。「１つめは，○○。子どもの反応は，△△△。２つめは・・」となります。導入は，「知っている人，手を上げて！」ではなく，「～を考えてみよう」と子どもの学習行為をスタートさせます。そして気楽な試しの気持ちで黒板の前に立ち，導入の５分間を実施します。ステップ２は，教材を少しつくって実感を得て提示物や板書を準備して，指導案を60％程度書いて実施します。ステップ３は，指導書やネットなどで学びを深めて，指導案を80～90％程度書き模擬授業を実施し，振り返りを行い指導案を完成します。

表１　ステップ・バイ・ステップ方式の各段階の模擬授業の流れ

ステップ	学習形態	模擬授業の内容	模擬授業時間	指導案の完成の程度
ステップ１	ペア学習（同一題材，導入部分の模擬授業）	・教材研究をする（児童用教科書を読み学習内容を理解し，指導のポイントを抽出します。楽しい意義ある学習になるように子どもへの指導を工夫します）。 ・実践化：Ａ３のミニ黒板を準備しそれぞれミニ提示資料をつくり，ペアで授業の冒頭部分の模擬授業を交互に行い，協議します。	導入部分の５分間をそれぞれ実施，ペアの相手は子ども役	指導案なしで取り組みます。
ステップ２	４人班学習（同一題材，導入部分の模擬授業，指導者が異なる経験）	・ミニ板書，ミニ提示資料をつくり，４人分の模擬授業を行います。同じ題材名で４種類の取り組みを比較できます。 ・班で意見を出し合い協議し，最後に，次回の４人班の代表模擬授業者を選出します。	４人それぞれ導入部分10分間を実施，他の３人は子ども役	授業までに，60％程度を完成します。書いてきた指導案の交流会を実施します。
ステップ３	８人班学習（4人班＋4人班）（４人班で１人を選抜した模擬授業）	・同一題材の４人班２つ，８人班で取り組みます。 ・２つの班の代表模擬授業者による模擬授業です。 ・班員全員で，実物大の提示物等を準備します。 ・２つの模擬授業後協議します。 ・次回の模擬授業者を１人決めます。	４人班で選抜した代表者１人の導入部分10分間を協力して実施，２班分行う	授業までに，80～90％程度完成します。書いてきた指導案の交流会を実施します。
ステップ４	クラス全体での学習（異なった題材の模擬授業を経験する）	・題材が異なる模擬授業を行い研究を深めます。 ・ステップを踏んできているので実力のある授業研究会となります。	８人班の代表者１人が導入部分10分間を実施	授業までに，指導案を分量的に100％完成します。それを校正して完成とします。
まとめの作成		・模擬授業の体験の振り返りレポートを作成します。		100％の指導案完成

（村田利裕）

X

深めていきたい多様な捉え方・考え方

キーコンセプト
●神秘さや不思議さに目を見はる感性の成長　●障がい児（者）の現場から人間活動の洞察方法を学ぶ　●人の生きる意味と実存的存在　●指導方法の実践の探求が，内容の本質を浮き彫りにしていく不思議体験

1 人類に警鐘を鳴らしたレイチェル・カーソン（1907～1964）の美と感性の見方 ―「センス・オブ・ワンダー*」が失われないように―

＊神秘さや不思議さに目を見はる感性

誰かから何らかの指摘を受けなくても，あらゆる人が昇る朝日や日の沈む夕焼けに心を奪われます。苦労して登った山登りの山頂から見た景色や，満天の夜空に瞬く星々などの美しさに感嘆し，その神秘さや不思議さに目を見はります。森の大木の姿からは悠久の命を感じ，鳥のさえずりからは多くの動物たちが住む森の豊かさを感じます。水が湧き川が流れる姿，何度も打ち寄せる海の波。姿は小さくともその水環境に懸命に生きる動植物。子どもは大人と違い，興味が引かれたことに一層強い関心を持ち，心から美しいものには高い敬意を払い美しいと感じています。この感性のあり方が，センス・オブ・ワンダーです。神秘さや不思議さに目を見はる感性で判断し洞察する心のあり方です。美しいものは，美しいと言える感性のあり方です。

子どもの学んでいる園や学校生活に目を移してみましょう。子どもは，幼稚園や保育園でミニトマトやピーマンなどを育てます。小学校でも栽培体験が進められ，ミニトマトが緑色から赤色になり，光沢を放つ球体となっていく，いのちの神秘に感動しています。

感動を作品にし体育館で全校造形展を開催し，クラスの時間を使って，子どもたちは作品を見にいきます。子どもたちの中から，「見てみて！　凄いね！」「A さん上手いね！」「上級生はさすが！」と感嘆やら感動の声が聞こえてきます。多色版画を見て，「こんな綺麗な版画ってあるのやね。どうやって刷るのだろう」と素直な疑問も出されます。自分の作品を隣のクラスの友達が「B さんの作品でしょう」と見つけてもらうと嬉しく笑顔が思わず湧き出てきます。図画工作の学習には，このように敬意の交換がなされています。

紙箱工作では，空き箱で動物を作ります。大人には捨てるだけの，役割が終わった単なる紙の空き箱でも，「何がつくれるだろう」と楽しそうにしげしげと見つめます。立つようにするだけでなく，作ってみたくなった動物（例えばゾウ）がどのようにすれば雰囲気が出せるかは実は未知なのです。実際に胴体と頭の位置をくっつけながら探ります。「ここだ！」誰が教えてくれたわけでもないのに，「ここだ　ここだ」という嬉しい思いがしてきます。上手く接着できるでしょうか。感動の位置は，実現できるでしょうか。満足できた位置に貼りつけられても，どちらかというと固定しなかった方が，ぴったりしていたような不思議な感じが残ります。貼る前には，自分のゾウが，「やぁー」と話しかけてくれたような気がしたのです。鼻を右左

に振ることができた象であったのに，固定させてしまったからでしょうか。もしかすると，自分の中に飛び込んできた本当の美の感動は，固定させると美が少し減退してしまうのかもしれません。

また，水を含みひんやりとした粘土も大人気です。一度粘土を触ってみたいと思いますし，子ども同士で「面白そう！」と言い合って興味津々です。「何をつくるの？」と言いながら作ります。時間が来たらつくった作品は残しておくことができず潰してしまいますが，残念そうに「潰していいよ」と言ってくれます。誰から言われなくても，子どもには，美しさが感じられます。自分から凄いと驚嘆し心から大切だと思う気持ちが，子どもの内面にはあるのです。絵や立体作品を作る活動では，子どもの心が主役になれるのです。

ところが，大人たちは，美を感じることや活動を大切にはしていません。I章のリンゴを洗う嬉しい体験は，剥くのが面倒だという大人にとっては，食べるための義務にしか映っていないことでしょう。現代人は，自らの価値観を外に置いて，自分自身の価値観が生かされない世界で暮らしてしまっているのです。

ここで注目するのは，海洋学者レイチェル・カーソンです。アメリカ，ペンシルバニア州生まれ。環境問題に初めて警鐘を鳴らした海洋科学者です。1962年に代表作『沈黙の春』を出版しています。上遠恵子は，「環境の汚染と破壊の実態を，世にさきがけて告発した本で，発表当時大きな反響を引き起こし，世界中で農薬の使用を制限する法律の制定を促すと同時に，地球環境への人々の発想を大きく変えるきっかけとなった」（訳書 p.59）とまとめています。そして，死の間際に執筆したのが『センス・オブ・ワンダー』（原書1965年，死後出版）です。

この本は，甥のロジャーが好んだ，自然界への探検からスタートします。夏にヤマモモやビャクシンやゴゼンタチバナ，トナカイゴケなどの生える海辺で過ごし，夜には小さなスナガニを探しにいきます（pp.7－16）。満月の夜に「ロジャーは，自分の言葉で伝えてくれました。わたしのひざの上にだっこされて，じっと静かに月や海面，そして夜空をながめながら，ロジャーはそっとささやいたのです。『ここにきてよかった』」（p.22）そして，有名な次の文章となります。

> 子どもたちの世界は，いつも生き生きとして新鮮で美しく，驚きと感激にみちあふれています。残念なことに，わたしたちの多くは大人になるまえに澄みきった洞察力や，美しいもの，畏敬すべきものへの直感力をにぶらせ，あるときは全く失ってしまいます。もしもわたしが，すべての子どもの成長を見守る善良な妖精に話しかける力をもっているとしたら，世界中の子どもに，生涯消えることのない「センス・オブ・ワンダー＝神秘さや不思議さに目を見はる感性」を授けてほしいとたのむでしょう。（p.23）

将来小学校の先生を目指す方は，冒頭の「子どもたちの世界は，いつも生き生きとして新鮮で美しく，驚きと感激にみちあふれています」という子どもの認識がいかに的確かと驚かれると思います。見えていない場合でも，少し背中を押すと，リアルにその資質が顕在化します。

芸術のみならず，科学や生活など，子どもは多くの現象や事象に関心を向け，生き生きした価値解釈からの思いで向き合います。この感性が失われないようにするにはどうすればよいかと問われているのです。基礎教育である小学校の先生の役割は大きいのではないでしょうか。体験教育は，決して経験知を得るだけではありません。一人ひとりの世界価値の表明の貴重な機会を与え，その人の洞察力と思想を育てます。一つの事例を示します。児童Aさんは，車に乗せてもらい南北にかかる橋を渡っていました。この橋は，東西に流れる大きな川を渡るための橋なのです。その時は夕方で，太陽が西に沈む瞬間に，東に早くも月が昇ってきたのを見たのです。これは大発見です。とても面白いと，迫る橋の構造物に，沈む夕日と昇る月が同時に存在する絵を描きました。大人の絵では描かれない，月と太陽が２つ同時に出る絵を描いたのです。教育実践で，「センス・オブ・ワンダー」をどのような学びで豊かにしていくのか。図画工作教育でいかに育てていくようにするのか。レイチェル・カーソンに触れながら考えを深めていただければと考えます。

・レイチェル・カーソン（1996）『センス・オブ・ワンダー』上遠恵子訳，森本二太郎写真，新潮社

（村田利裕）

2　障がい児（者）教育は教育の基盤
―田村一二（1909～1995），吉永太市らの取り組み―

田村一二は，障がい児教育の先駆者と言われます。石山学園時代に，京都大学の木村素衛《きむらもともり》が田村の学園に訪れています。画用紙がないので，泰山《たいさん》の木の葉の裏に貰い集めたクレパスの屑で描いた表現を見て，大変美しいと評価しました。田村が，「障害児の存在が，教育の正しい姿を生むのではありませんか」（1984，p.97，害の字は原文どおり）と質問すると，「『その通りだ，障害児教育こそが教育の基盤なのだ』といわれた。いや全く，あんな嬉しいことはなかった」と印象深く述べています。田村は，近江学園に15年，一麦寮に11年務めた時点で，人間の理想郷である「茗荷村《みょうが》」について，はっきりと見えてきたとし，賢愚和楽のユートピア（みんな同じ一つのいのち）を空想なら書けるととらえて書いたのが『茗荷村見聞記』（1971年）です。これが後に，滋賀県で実現することになります（1982年滋賀県東近江市に開村，現在茗荷村（NPO法人），「自然との共生，障害を持つ人も，そうでない人も，老いも若きもみんな一緒になって働き，暮らし，輝ける場所」）。

本書Ⅱ章でも見たように田村一二と池田太郎は，糸賀一雄を支えながら近江学園（現滋賀県立近江学園）を1946年に創設します。この学園は1948年には，児童福祉法施行に伴い県立の児童福祉施設に移行されます。障がい児教育では，教育の機会を保障されないままに就学猶予となった障がいのある子どもや，戦災孤児で過酷な生活状況に陥った子どもたちの生活と教育を目指すものでした。そして混在共存教育の理念が打ち出されました。現在のインクルーシブ教育の理念の先駆とも言えるかもしれません。

一麦寮は，次第に年齢が上がり，中学校に就学する子どもを受け入れる施設（学校）として

創設されます（1984, p.111）。田村は，一麦寮の初代寮長として就任します。そのとき，ともに活動を支える人物として選んだのが２代目寮長の吉永太市です。この２人は，就業経験のための造形教育ではなく，遊びを中心とした人間活動としての粘土活動や絵画活動に道を開くという画期的な着想をします。プールも自力で創設し（1984, pp.147－148），水と関わり浮く体験が良い教育になることを見いだします。また，生活の必要から山仕事や畑仕事が行われます。流汗同労で心がつながり，各自の持ち味を生かしながら活動をし心の流れあいが福祉だととらえるのです（1984, p.128）。共同活動で木や土を運ぶ場合でも，桁違いに本数を少なくし軽くすると，どんどん運べるようになることに気づきます（1984, p.92）。寮の運動場の整地活動で，10m 離れたところに運ぶだけでも，寮生は興味を示す様子がなかったのですが，田村の「土が多い。もっと少なくして」との指示を聞いて，半分から最後は一握りの土程度にしたところ，寮生の顔が明るくなり俄然土を運びだしたのです（2015, pp.２－3）。われわれは勝手に，実施しないから意欲がないと決めつけていたのです。

『田村一二と茗荷村～茗荷村の例会から～』には，157 回にわたって催された茗荷会例会での田村一二の講演が紹介されています。京都市の滋野尋常小学校時代に，特別学級の担当となり，子どもが田村を慕って早朝から「早く学校を開けてくれ」と係の人に言うようになったとのことです（p.146）。子どもが先生に会いたい，学校に行きたいと思ってくれること。これは，現在の公教育の根本でもあります。「つながりと絶ちきり」（p.72, p.150），「村是４箇条：1．賢愚和楽，　2．自然随順，　3．物心自立，　4．後継養成」（p.106），「流汗同労」，「混在共存」（p.158）など実践を支えた重要概念が示された貴重な資料です。

一麦寮は，障がい児・者の自発性を信じ，粘土の造形活動や絵画活動等に着手します。

吉永太市は，『アート教育を学ぶ人のために』の中で次のように述べています。「表現活動には，常に快い雰囲気を伴うものである。寮生が活動に没頭してくると，表現活動に傾ける余念のない緊張が生じ，気高く冒しがたい表情を示すようになり，同時に神聖な儀式とでもいえるような至福の静寂を生むことが常である。この無心のうちに放射される喜びによって，同席する者までもがこの快い雰囲気に包まれるのである。創造活動に対する寮生たちの激しい生命の燃焼をうかがうことができる。このように現れた活動こそが真の土との活動といえるのではなかろうか。ここに醸される雰囲気が，優れた芸術家の活動の場に醸されるものと共通していることは，疑う余地がないのである」（p.64）。

表現への集中が生じる場所は，命の集中が実現される場所なのです。その場所（場）は，人間の素晴らしさが濃密に凝縮しており，生きる喜びの真の場所なのです。小学校に行くと，授業時間中の学校は，静寂と集中，意見の交換の場所として成立しています。命の充実・命の実現が，そこにあり，教職に就く一番大きな魅力ではないかと思われるのです。

（村田利裕）

●おすすめ文献

・糸賀一雄（1965）『この子らを世の光に――近江学園二十年の願い』柏樹社（『復刊　この子らを世の光に――近江学園二十年の願い』NHK 出版，2003）

・糸賀一雄（1968）『福祉の思想』NHK 出版，NHK ブックス 67
・大萩茗荷村茗荷村研究所上野一郎編集（2002）『田村一二と茗荷村～茗荷会の例会から～』大萩茗荷村
・田中敬三（2008）『ねんどになったにんげんたち——田中敬三写真集：第二びわこ学園『30 年間のねんど小屋と 4 つのおはなし』』にゃにゅにょの会
・田中敬三（2008）『粘土でにゃにゅにょ——土が命のかたまりになった！』岩波書店，岩波ジュニア新書 602
・田村一二（1971）『茗荷村見聞記《みょうがむらけんもんき》［復刻版］』（2002，北大路書房）
・田村一二（1984）『賢者モ来タリテ遊ブベシ——福祉の里 茗荷村への道』NHK 出版，NHK ブックス 457
・吉永太市（2005）「一麦寮にみる土（粘土）と教育」竹内博ほか編『アート教育を学ぶ人のために』世界思想社教学社，pp. 52－64
・吉永太市（2015）『遊戯焼（ゆげやき）生の象形——一麦寮の足跡から』田村一二記念館

3 ヴィクトール・エミール・フランクル（Viktor Emil Frankl，1905 ～ 1997）

> 1 人の人間が生きた『物語』は，かつて書かれたどんな物語よりも比較にならないほど偉大で創造的な業績なのである。（2011，p.90）

上にご紹介したこの言葉は，フランクルの『人間とは何か——実存的精神療法』に書き込まれた考え方です。成績をつけなければいけない教育職は，どうしても比較する観点から見てしまいがちです。

ところがクラス担任は，クラスの全員が好きであり，一人ひとりをとらえてあの子も○○で良いところがあると，人に紹介したくなる先生も多いと思われます。図画工作の指導を担当すると，元気がなくて少ししか描けない子どもには，支え（支援）が必要だと感じますが，それぞれのユニークな表現に，こんなことも考えていたのだと，とても新鮮に子どもを受けとることでしょう。他の教科では，どうしても教科書の設定した学力からしか子どもを見られず，その学力の達成・未達成からでしか一人ひとりを理解することができないのです。

図画工作では，すべての子どもの主題選択が許され多様な表現が許されます。本書では教職につく魅力を命の表現に接するという側面から見てきましたが，一人ひとりが生きていることがいかに重要であるか，フランクルの考え方から元気をもらうのではないでしょうか。命の価値・唯一性の思想が，教育理論にしっかりと存在することに驚かれるでしょう。

価値の創造について，「『あなたが経験したことは，この世のどんな力も奪えない』わたしたちが過去の充実した生活のなか，豊かな経験のなかで実現し，心の宝物としていることは，だれも奪えないのだ」（2002，p.138）。このように人それぞれの心の価値と独立性をみつめます。フランクルは，人間が実現できる価値としては，3 つあると言います。

芸術や科学の創造のように何かをアウトプットし創り出す価値が，「創造価値」です。図画工作では表現がそれにあたるでしょう。プロの作家も該当しますし，芸術だけでなく，科学や様々なジャンルで情報発信している側面では，この価値として受け止めることができるでしょう。「体験価値」は，何かを体験することで満たされる価値です。生活科などの体験学習や図画工作の制作活動や鑑賞活動が該当します。外界の世界（文化など）からインプットし，刺激を受けます。「センス・オブ・ワンダー」も子どもが自然から得られる「体験価値」です。「態度価値」は，自身のとる態度によって満たされる価値です。引用部分は，この価値に触れている箇所です。事物・事象への判断や解釈は，その人だけが決める権利があります。あらゆる人がマイナスで見ていることも，私は，○○をこう考えると言う権利があるわけです。どんな限界状況でもその人だけが独自な心で生みだすことが可能となる価値なのです。

最後にご紹介するのは，フランクルのとらえ方で，一度は味わってみるべき考え方です。「ここで必要なのは，生きる意味についての問いを百八十度方向転換することだ。わたしたちが生きることからなにを期待するかではなく，むしろひたすら，生きることがわたしたちからなにを期待しているかが問題なのだ，ということを学び，絶望している人間に伝えねばならない。哲学用語を使えば，コペルニクス的転回が必要なのであり，もういいかげん，生きることの意味を問うことをやめ，わたしたち自身が問いの前に立っていることを思い知るべきなのだ。生きることは日々刻々，問いかけてくる。わたしたちはその問いに答えを迫られている」（2002）と考えるのです。人間は，「人生から問われる者」であり，筆者が実存的精神のあり方をアートに置き直して捉えると，どんな感じ方ができるか，いかに表現できるかを「アートから問われる者」なのです。

コペルニクス的転回の視点から見ると，絵画の用具から，あなたはどんな絵を描いてくれるのか。粘土が，あなたはどんな彫刻をつくってくれるかと材料・用具から問われているととらえることができます。すなわち先生の準備は，問いかけの準備なのです。実際に子どもはこの問いに，自分だったらこう答えると嬉しそうに取り組んでくれます。孤独なときも，友達と楽しいときも，材料・用具は，子どものアクションに常に寄り添い応えてくれます。フランクルは実存を肯定し，人生の苦難や困難を乗り越えていく心理学を提唱しました。図画工作の現場では，子ども一人ひとりの思い（実存）をしっかりと取り上げて受け止めると，先生の予想を遙かに超えた，子どもそれぞれがユニークに輝く活力ある世界に到達します。子どもとともに先生も個々の子どもの表現を楽しむ。このことは教職という，まさに専門職でしか味わえない，最も大きな醍醐味と言えるでしょう。

（村田利裕）

・岡本哲雄（2022）『フランクルの臨床哲学――ホモ・パティエンスの人間形成論』春秋社
・ヴィクトール・E・フランクル（1985）『夜と霧――ドイツ強制収容所の体験記録』霜山徳爾訳，みすず書房
・ヴィクトール・E・フランクル（2002）『夜と霧』池田香代子訳，みすず書房
・ヴィクトール・E・フランクル（2011）『人間とは何か――実存的精神療法』山田邦男監訳，岡本哲雄・雨宮徹・今井伸和訳，春秋社

図画工作関係 おすすめ文献

◉子どもの絵を描く動機が3つあること，描かれる独自な形式が認められること

・G・H・リュケ（1979）『子どもの絵』須賀哲夫監訳，吉田博子・毛塚恵美子・五十嵐佳子訳，金子書房

◉フィンガーペインティングのオリジナルの理論

・ルース・フェゾン・ショウ（1982）『フィンガーペインティング――子どもの自己表現のための完璧な技法』深田尚彦訳，黎明書房

◉自由・感性の先駆

・山本鼎（1972）『自由画教育』黎明書房：「美術教育とは，愛をもって創造を処理する教育だ」（p. 11），自由画教育運動／長野県上田市のサントミューゼ「自分が直接感じたものが尊い」

◉遊びが人間らしさの根本であると述べた理論

・シラー（1982）『美的教育』浜田正秀訳，玉川大学出版部

◉事物の教育の意義

・ハーバート・リード（1972）『芸術教育による人間回復』内藤史朗訳，明治図書出版

ご協力いただいた小学校・園・社会福祉施設（それぞれ五十音順）

○小学校

嬉野市立嬉野小学校
京都市立二条城北小学校
福知山市立庵我小学校
福知山市立昭和小学校
福知山市立惇明小学校
福知山市立大正小学校
福知山市立三和小学校
福知山市立六人部小学校

○保育園・こども園

あゆみ保育園（社会福祉法人 小鳩保育園）
西院保育園（社会福祉法人 すみれ会）
嵯峨野こども園（保育所型認定こども園）
光保育園（社会福祉法人 光福祉会）
ひまわりこども園（社会福祉法人 小山福祉会）
福知山丹陽こども園（社会福祉法人 丹陽福祉会）
みつばち菜の花保育園（社会福祉法人 みつばち福祉会）
みどり保育園（社会福祉法人 丹陽福祉会）

○社会福祉施設

一麦（社会福祉法人　大木会）
田村一二記念館
びわこ学園医療福祉センター野洲（社会福祉法人びわこ学園）

執筆者紹介

●編著者

村田利裕（むらた　としひろ）
京都教育大学名誉教授　アートコミュニケーション京都代表　まち美術館館長　美術科教育

塩見考次（しおみ　こうじ）
まち美術館副館長　元京都教育大学非常勤講師　元立命館大学嘱託講師　元京都市立柏野小学校校長　元新日本造形の会代表　元京都造形教育研究会代表　二虎会会員

愛野良治（あいの　よしはる）
嬉野市立嬉野小学校教員　まち美術館教育実践支援部長　生活科・総合的な学習の時間のカリキュラム研究

●執筆者（五十音順）

上岡真志（かみおか　しんじ）
京都教育大学附属高等学校芸術科美術教諭　日本美術家連盟会員　新制作協会会員

妻藤純子（さいとう　じゅんこ）
岡山理科大学教育学部教授　図画工作科教育

山本功（やまもと　いさお）
まち美術館非常勤講師　元京都市立小学校教諭

図画工作科授業実践力研究
——アートの体験で育てる子ども一人ひとりのやわらかな感性——

2025 年 5 月 5 日　　初版第 1 刷発行

編　者　村　田　利　裕
　　　　塩　見　考　次
　　　　愛　野　良　治

発行者　中　西　　良

発行所　株式会社ナカニシヤ出版
〒 606-8161　京都市左京区一乗寺木ノ本町 15
TEL（075）723-0111
FAX（075）723-0095
http://www.nakanishiya.co.jp/

印刷・製本／ファインワークス
表紙印刷／森田美術印刷

＊落丁本・乱丁本はお取り替え致します。
Printed in Japan. ISBN978-4-7795-1684-9